中等职业学校航空服务应用型人才培养规划教[材]
主编 辜英智

MINHANG FUWU
YU GOUTONG

民航服务与沟通

编著 杨 宇 黄代军

四川大学出版社

责任编辑:高庆梅
责任校对:袁　捷
封面设计:墨创文化
责任印制:王　炜

图书在版编目(CIP)数据

民航服务与沟通 / 黄代军，杨宇编著. —成都：四川大学出版社，2015.8（2025.7重印）
中等职业学校航空服务应用型人才培养规划教材 / 辜英智主编
ISBN 978-7-5614-8896-6

Ⅰ.①民… Ⅱ.①黄… ②杨… Ⅲ.①民航运输－商业服务－中等专业学校－教材 Ⅳ.①F560.9

中国版本图书馆 CIP 数据核字（2015）第 197517 号

书　名	民航服务与沟通
主　编	辜英智
编　著	杨　宇　黄代军
出　版	四川大学出版社
地　址	成都市一环路南一段24号（610065）
发　行	四川大学出版社
书　号	ISBN 978-7-5614-8896-6
印　刷	成都市新都华兴印务有限公司
成品尺寸	185 mm×260 mm
印　张	11
字　数	178千字
版　次	2015年9月第1版
印　次	2025年7月第17次印刷
定　价	23.00元

◆读者邮购本书，请与本社发行科联系。
电话:（028)85408408/（028)85401670/（028)85408023　邮政编码:610065
◆本社图书如有印装质量问题，请寄回出版社调换。
◆网址: http://press.scu.edu.cn

版权所有◆侵权必究

中等职业学校航空服务应用型人才培养规划教材编审委员会

主　　编：辜英智

编　　委：王志鸿　刘天刚　王艺茹　黄代军

　　　　　杨　宇　罗娅兰　李洪祥　杨　玲

　　　　　杨　军　马秀英　周　敏　唐　冬

　　　　　胡启潮　李清霞　石羽平

总　序

随着社会的发展和科学的进步，人们生活水平不断提高，民用航空业发展迅速，呈现出爆发性增长趋势。

近年来，我国民用航空市场快速发展、潜力巨大，航空产业已形成颇具竞争力和影响力的航空经济发展模式，航空公司、机场、航空制造企业、航空维修企业、航空服务企业、航空教育与科研单位等对相关人才的需求与日俱增，为航空服务、航空市场营销等相关专业的毕业生提供了广阔的就业前景。

中等职业学校航空服务专业正是在这一背景下，适应市场需求而产生的。本专业立足于培养适应民航现代化建设需要，服务于生产和管理第一线，具有较高的思想政治素质的航空服务应用型人才。通过综合职业能力训练和全面素质的培养，使学生掌握从事民航旅客运输和管理的基本能力和技能，具有严谨的服务质量意识和良好的职业养成意识，熟悉航空服务的业务流程和工作要求以及有关的政策和法规，能灵活地运用航空英语及能商务礼仪，礼貌得体地与服务对象进行交往，能熟练地使用航空客舱各种设备和应急设备，具备空乘实务、空乘礼仪、语言能力、机舱救护能力、民航运输企业及航空商务管理与服务技能，能够为民航建设与发展做出自身贡献。

教材项目建设是一项系统工程，一定要体现民航学院的特色和成果，体现民航事业突飞猛进发展的时代特征和专业要求。为此，我们按照《中等职业学校航空服务应用型人才培养教材》的要求，注重实用性和适用性，将反映实际的教学设计和教学活动融入教材中，组织编写了这套中等职业学校航空服务应用型人才培养规划教材。

这套教材包括以下九种：《民航基础概论》《民航服务礼仪》《民航服务通用英语》《民航服务与沟通》《民航商务运输》《民航服务人员日常英语》《空中乘务实训指导》《民航安全检查实训指导》《民航空港地面服务实训指导》。主编辜英智，参与编撰的人员有王志鸿、刘天刚、王艺茹、黄代军、杨宇、罗娅兰、李洪祥、杨军、温善琨、杨玲、马秀英、周敏、唐冬、胡启潮、李清霞、石羽平等。其中，王志鸿负责整套教材的编审及统稿工作。在教材的编撰过程中，编撰者以严谨、认真的工作态度，反复斟酌、修改，力求以深入浅出的分析和生动具体的实例，编撰出能体现中等职业学校航空服务专业特色的系列教材，为我国民航事业的发展尽一份微薄之力。

教材的编撰，参考了一些相关文章和专著，引用了一些资料和图片，谨向这些著作的作者致以诚挚的谢意！教材的编撰和出版得到了成都东星航空旅游专修学院和四川大学出版社的大力支持。

成都东星航空职业学校教材编委会
2015 年 6 月

目 录

第一章 沟通认知 (001)

第一节 沟通概述 (003)

一、沟通的定义 (003)

二、沟通的特征 (004)

三、沟通的种类 (005)

四、沟通的基本要素 (007)

第二节 民航沟通事务 (009)

一、民航工作事务 (009)

二、民航沟通事务 (009)

三、沟通在民航工作中的重要性 (009)

四、沟通的6C原则 (011)

第三节 影响沟通的因素 (012)

一、个人因素 (012)

二、心理因素 (014)

三、心理障碍的克服技巧 (016)

第四节 有效沟通的基本技巧 (018)

一、真诚表达 (018)

二、真诚微笑 (019)

三、真诚赞美 (019)

四、善于倾听 (019)

五、善于提问 (020)

六、善于自我约束 (021)

七、善于拒绝……………………………………………………………(021)
　　八、善于批评……………………………………………………………(022)
第五节　有效沟通的基本步骤……………………………………………(024)
　　步骤一　事前准备………………………………………………………(024)
　　步骤二　确认需求………………………………………………………(024)
　　步骤三　阐述观点——介绍FAB原则…………………………………(024)
　　步骤四　处理异议………………………………………………………(024)
　　步骤五　达成协议………………………………………………………(025)
　　步骤六　共同实施………………………………………………………(025)
项目训练（一）　交谈……………………………………………………(026)
　　一、交谈的前奏——寒暄………………………………………………(026)
　　二、交谈的基本原则……………………………………………………(027)
　　三、交谈时的避讳………………………………………………………(028)
　　四、交谈的技巧…………………………………………………………(029)
　　五、交谈中的答问技巧…………………………………………………(030)
项目训练（二）　介绍……………………………………………………(033)
　　一、人物介绍……………………………………………………………(033)
　　二、事物介绍……………………………………………………………(037)

第二章　态势语言沟通技巧……………………………………………(039)

第一节　情态语言沟通技巧………………………………………………(041)
　　一、眼神（目光语）……………………………………………………(041)
　　二、微笑…………………………………………………………………(045)
　　三、眉语…………………………………………………………………(046)
　　四、头语…………………………………………………………………(048)
第二节　身势语言沟通技巧………………………………………………(049)
　　一、手势语言……………………………………………………………(049)
　　二、姿势语言……………………………………………………………(053)
第三节　空间语言沟通技巧………………………………………………(057)
　　一、人际距离的要求……………………………………………………(057)
　　二、人际距离的运用……………………………………………………(058)

项目训练　演讲……………………………………………………(060)
　　一、演讲的前期准备………………………………………………(060)
　　二、演讲的技巧……………………………………………………(065)

第三章　人际风格沟通……………………………………………(069)
第一节　人际风格概述……………………………………………(071)
　　一、和蔼型…………………………………………………………(071)
　　二、表达型…………………………………………………………(071)
　　三、分析型…………………………………………………………(072)
　　四、支配型…………………………………………………………(072)
第二节　上行沟通…………………………………………………(074)
　　一、上行沟通的障碍………………………………………………(074)
　　二、上行沟通的策略………………………………………………(075)
第三节　平行沟通…………………………………………………(079)
　　一、平行沟通的障碍………………………………………………(079)
　　二、平行沟通的策略………………………………………………(080)
第四节　下行沟通…………………………………………………(083)
　　一、下行沟通的障碍………………………………………………(083)
　　二、下行沟通的策略………………………………………………(084)

项目练习　会议沟通………………………………………………(087)
　　一、会议前的准备工作……………………………………………(087)
　　二、有效主持会议…………………………………………………(088)
　　三、散会后的善后工作……………………………………………(089)

第四章　情绪的管控………………………………………………(091)
第一节　情绪的概述………………………………………………(093)
　　一、情绪的定义……………………………………………………(093)
　　二、情绪的三要素…………………………………………………(095)
　　三、情绪的分类……………………………………………………(096)
　　四、情绪的作用……………………………………………………(098)
第二节　情绪管理能力……………………………………………(101)
　　一、情绪的自我觉察能力…………………………………………(101)

二、情绪的自我激励能力…………………………………………（102）
　　三、情绪的自我调控能力…………………………………………（102）
　　四、对他人情绪的识别能力………………………………………（102）
　　五、处理人际关系的协调能力……………………………………（102）
 第三节　情绪的管控…………………………………………………（104）
　　一、艾利斯情绪管理ABC理论……………………………………（104）
　　二、情绪调控的方法………………………………………………（105）
 项目训练　解说………………………………………………………（112）
　　一、解说的基本要求………………………………………………（112）
　　二、解说的方法……………………………………………………（114）

第五章　民航旅客沟通………………………………………………（117）
 第一节　民航旅客沟通技巧…………………………………………（119）
　　一、理解和尊重……………………………………………………（119）
　　二、加强配合与协调………………………………………………（119）
　　三、迅速解决问题…………………………………………………（120）
　　四、熟练掌握语言技巧……………………………………………（121）
　　五、养成"三诚"…………………………………………………（122）
 第二节　客舱服务言语策略…………………………………………（123）
　　一、控制好情绪，增强注意力的稳定性…………………………（123）
　　二、运用言语补偿策略，适时利用误解制造幽默的语用效果
　　　　………………………………………………………………（123）
　　三、扩大知识视野，重视文化背景及地域差异…………………（124）
 项目训练　电话沟通…………………………………………………（125）
　　一、接打电话的技能………………………………………………（125）
　　二、有效的电话沟通………………………………………………（127）
　　三、正确结束通话的技能…………………………………………（129）

第六章　特殊旅客服务………………………………………………（131）
 第一节　特殊旅客服务概述…………………………………………（133）
　　一、特殊旅客服务概念……………………………………………（133）
　　二、特殊旅客服务的原则…………………………………………（133）

三、特殊旅客服务注意事项……………………………………(134)
　第二节　为儿童旅客服务………………………………………(135)
　　一、儿童的运输条件……………………………………………(135)
　　二、儿童的服务策略……………………………………………(136)
　第三节　为孕妇旅客服务………………………………………(138)
　　一、孕妇的运输条件……………………………………………(138)
　　二、孕妇的服务策略……………………………………………(138)
　第四节　为病残旅客服务………………………………………(141)
　　一、病残旅客的运输条件………………………………………(141)
　　二、病残旅客的服务策略………………………………………(142)
　项目训练　接待…………………………………………………(143)
　　一、接待礼仪……………………………………………………(143)
　　二、接待客人的注意事项………………………………………(145)
　　三、常用的接待语………………………………………………(147)
第七章　突发事件应对技巧………………………………………(149)
　第一节　突发事件概述…………………………………………(151)
　　一、突发事件概念………………………………………………(151)
　　二、突发事件的分类……………………………………………(152)
　　三、突发事件的处理……………………………………………(152)
　第二节　安抚技巧………………………………………………(154)
　　一、安抚的概念…………………………………………………(154)
　　二、安抚的技巧…………………………………………………(154)
　第三节　处理服务投诉技巧……………………………………(157)
　　一、旅客的投诉…………………………………………………(157)
　　二、旅客产生投诉的原因………………………………………(157)
　　三、处理旅客投诉的原则………………………………………(158)
　　四、有效处理旅客投诉的方法和步骤…………………………(160)
　项目训练　模拟练习……………………………………………(163)

第一章　沟通认知

第一节　沟通概述
第二节　民航沟通事务
第三节　影响沟通的因素
第四节　有效沟通的基本技巧
第五节　有效沟通的基本步骤
项目训练（一）　交谈
项目训练（二）　介绍

本章导读

沟通是人际交往的基本行为过程，是人与人之间，人与群体之间思想与感情的传递和反馈的过程。在民航服务过程中，工作人员每天都要和旅客进行沟通，沟通能力是每一个民航服务工作者必备的基本素质。

第一节　沟通概述

一、沟通的定义

什么是沟通？沟通是一项活动，原意是开沟以使两水相通（《左传·哀公九年》"秋，吴城邗，沟通江淮"），后指使两方能通连（《现代汉语词典》），现泛指现代社会的信息交流。

沟通源于英文"communication"，这个词既可以译作沟通，也可以译作交流、交往、交际、通信、交通、传递、传播等。

在学术界，学者们对"沟通"有着150多个定义，概括起来有以下几种。

交流说：强调沟通是有来有往的双向活动，是用语言交流思想。其代表是美国学者霍本。

分享说：强调传播者和接受者对所交流信息的共享。其代表是美国学者施拉姆。

符号（信息）说：强调沟通是通过大众传播和人际沟通的主要媒介所进行的符号的传送。其代表是美国学者贝雷尔森。

影响（劝服）说：强调沟通就是传播者欲通过劝服对接收者施加影响的行为。其代表是美国学者露西、彼得森。

上述这些说法，从不同的角度描述了沟通的内涵品质，即信息的传递、被理解与准确理解、互动反馈，目的是希望达成一致。

从现代意义上去理解，沟通是指两个或两个以上的人或群体，通过一定的联系渠道，传递和交换意见、观点、思想、情感及愿望，从而达到相互了解、相互认知的过程。这种联系渠道可以是有形、有声语言和表情、行为等。

二、沟通的特征

从沟通的定义上看，它有以下几个特征：

第一，沟通具有实用性。这是指人们通过沟通过程，动态了解各类信息，帮助自己工作、学习、生活，故有着明显的实用性。

第二，沟通具有互动性。沟通是一种双向的交流活动。在沟通过程中，传受双方都希望能影响对方，故需要不断转换传受双方的角色，各自发出相应的信息进行相互交流，因而体现出明显的互动性。

第三，沟通具有社会性。具体体现为人们以信息交流为主要方式，通过运用复杂的符号系统来交流思想、建立联系、融洽感情、增强信任、调整行为、促进协作、提高效率，不断推动社会的进步和发展。

第四，沟通具有动态性。沟通的传受双方处于角色转换变化中，沟通的信息也存在流动性，以及它在传递时的信号转化等，均可导致沟通形成动态性。

第五，沟通具有不可逆性。这是指在沟通时，传送者一旦将信息发出就无法收回，或接收者一旦受到某种信息影响，其产生的效果同样不能收回。

三、沟通的种类

根据不同的划分方法，可将沟通分为几大类：

（1）按沟通的组织程度划分，可以将沟通分为正式沟通和非正式沟通。

正式沟通是指在一定的组织机构中，通过组织明文规定的渠道进行信息的传递与交流，如各种会议、汇报制度、上级向下级下达指示、下级向上级呈送材料等。在正式沟通中，按照信息传递的方向，又可分为上行沟通、下行沟通和平行沟通。以公文为例，下级机关向上级机关所做的请示、汇报，就是上行沟通；上级机关向下级机关所发的命令、指示，就是下行沟通；平行机关所发的函，就是平行沟通。

非正式沟通是指通过正式沟通以外的渠道所进行的信息传递和交流。这种沟通是建立在组织成员之间的社会和感情基础之上的，人们以个人身份所进行的沟通活动，如朋友聚会、邻居聊天等。

（2）按沟通时对媒介的依赖程度，可以将沟通分为直接沟通和间接沟通。

直接沟通是直接面对沟通对象所进行的信息传递和交流。直接沟通无须沟通媒介参与，是以自身固有的手段进行的人际沟通，如谈话、演讲、授课等，它是人际沟通的主要方式。

间接沟通是指需要媒介参与的人际沟通，即通过文件、信函、电话、电子邮件等媒介所进行的信息传递和交流。它大大拓宽了人际沟通的范围，远隔千万里的两个人之间，也可以面对面地交流信息。

（3）按沟通时所使用的符号形式，可以将沟通分为语言沟通和非语言沟通。

语言沟通是指发送者以语言符号形式，将信息发送给接收者的人际沟通。即使用口头语言或书面语言所进行的信息传递和交流。也可称为口头沟通和书面沟通。

非语言沟通是指发送者以非语言符号的形式将信息传递给接收者的沟通行为，它是指除语言之外的表情、动作、眼神、气质、外貌、衣着、个人距离等为媒介的沟通方式。

（4）按沟通是否具有反馈的情况，可以将沟通分为单向沟通和双向沟通。

单向沟通是指信息单向流动的沟通。接收者只收受而不向发送者进行信息反馈，即信息的发送者和接收者的地位不发生改变的非交流性信息传递活动。如会议、报告、演讲等。单向沟通具有信息沟通速度快、条理性强、不易受干扰等特征。

双向沟通是指信息双向流动的沟通。在沟通过程中，信息的发送者和接收者的角色不断发生改变，即信息的发送者和信息的接收者既相互发送信息，又相互反馈信息。如讨论、谈话、谈判等。双向沟通具有传送信息准确、易受干扰和缺乏条理性等特征。

沟通的过程实际上是信息的发送者通过选定的信息传递渠道将信息传送给接收者的过程（如图所示）：

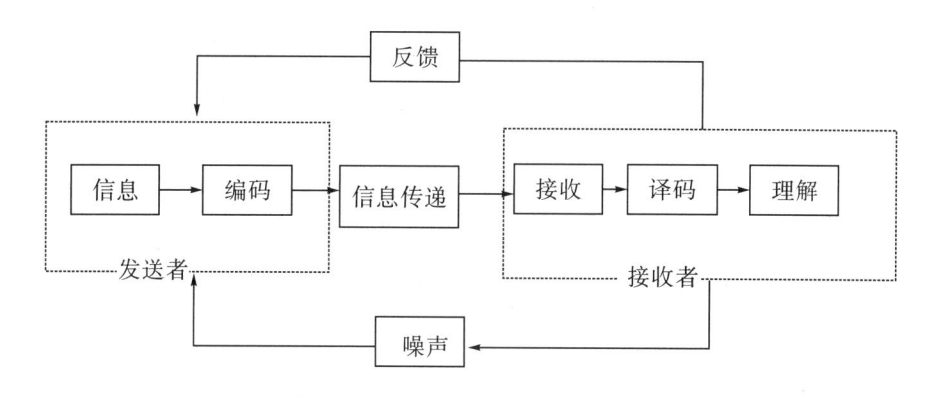

```
            ┌──────── 反馈 ────────┐
            │                      │
  ┌─────────┼─────────┐  ┌─────────┼─────────────┐
  │  信息 → 编码  │→ 信息传递 →│ 接收 → 译码 → 理解 │
  │   发送者         │            │      接收者       │
  └─────────┬─────────┘            └─────────┬───────┘
            └──────── 噪声 ────────┘
```

四、沟通的基本要素

从沟通的过程中，我们可以看出沟通的基本要素有：

第一，发送者，即沟通过程中发送信息的主体。这个主体可以是个人，也可以是群体、组织和国家。他们决定以谁为沟通对象，并决定沟通的目的。沟通的目的可以是为了提供信息，也可以是为了影响别人，使别人的态度得到改变。信息发送者必须充分了解信息接收者的情况，以选择合适的沟通渠道以利于接受者的理解。尽管它发送的信息存在着有意和无意、自觉和不自觉、有目的和无目的之分，但通常受内容选择（如不能发表违法言论、不宜公开的某些报道）、媒介压力（如媒介组织的宗旨、制度、政策、规定等对信息所产生的限制）、个人形象与个性，以及来自社会、组织和个人等层面的各种因素的制约。

第二，信息，即能够传递并能够被接收者的感觉器官所接收的信息。它有两种基本存在形式：内储形式与外化形式。内储信息是暂时或长久储存在大脑里的信息；外化信息是用文献、书籍、磁盘、光盘等符号形式记录下来的信息。信息可以是观念、思想和情感。它是沟通活动能得以进行的最基本的因素。

第三，编码，即发送者将所要传递的信息，按照一定的编码规则，编制为信号。它要求充分考虑接收者的实际情况，所选的代码或语言有利于理解与交流，以免出现令接收者茫然不知或无所适从的情况。

第四，信息传递，即通过媒介传递信息。媒介是确保信息正常交流的物质基础，它作为构建于传送者和接收者之间的信息网络，能以多种形式

相互传递和交流传者、受者的信息，使之理解意愿，加深了解，增强协作，促进发展。大部分的信息都是通过视觉和听觉途径来获得的，沟通也主要依靠这种方式。

第五，接收者，即沟通过程中信息接收的主体。它同样受到内容选择、媒介压力、个人形象与个性结构等因素的影响，还可对符合自己本意的信息产生各种预期效果，或对自己本意不相符的信息进行解释、怀疑，从而使效果减小或无效。

第六，译码，也称"解码"，是指信息的接收者按照一定的编码规则将所接收到的信号解释、还原为自己的语言信息，以达到沟通的目的。在这一过程中，传导的信息被转化、精简、阐述、储存、发现和使用。

第七，理解，即接收信息的反应。成功的沟通，应该是信息发送者的意愿与信息接收者的反应一致。

第八，反馈，即信息接收者在接收到信息后，将自己的反应信息加以编码，通过选定的渠道回传给信息的发送者。这种传者和受者之间角色的转换，是沟通必不可少的基本环节，它对掌握动态、发现问题、促进沟通双方共同发展具有重要的作用。民航服务工作者在服务过程中，发现所说的话不够明确，可以自己做出适当的调整。

第九，噪声，即在信息传递过程中，干扰信息传递的各种形式。可分为外部噪声（来源于环境）、内部噪声（来源于沟通双方的注意力）、语义噪声（来源于人们对词语情感上的反应）等。

第二节 民航沟通事务

一、民航工作事务

民航业是对客户提供餐饮、休闲、购物、会议、旅行等服务的专门企业，工作事务繁杂，一般包括：售票、值机、安检、餐厅服务以及会务、购物等服务工作。这些服务工作涉及机场地面服务人员的接待工作、空中乘务员的空中服务和餐饮服务、会务与商务中心服务人员的商务服务工作，以及营销与公关部门人员的对外联系与营销工作。另外，还包括管理者与员工之间的内部管理工作。

二、民航沟通事务

民航工作事务开展需要人际沟通，包括服务外部客户的客户沟通和管理者与员工之间的内部沟通。内部沟通事务包括：汇报请示、申诉、开会、商讨等上行沟通；指示、指挥、安排建议、总结批评等下行沟通；开会、建议、调节、商议等平行沟通。民航客户沟通事务包括迎宾接待候机楼服务、空中实施、投诉处理等。

三、沟通在民航工作中的重要性

沟通是人际交往的基本行为过程，是人与人之间，人与群体之间思想与感情的传递和反馈的过程。在民航服务过程中，工作人员每天都要和旅客进行沟通，沟通能力是每一个民航服务工作者必要的基本素质。

沟通有利于民航服务工作者为旅客提供良好的服务。通过沟通，服务人员能够更好地了解旅客的需要和困难，有针对性地提供帮助，从而让自己的服务技能水平得到提高，并被旅客认可，在实际锻炼中使自己的业务知识更加广博，服务能力得到进一步提高。

沟通有利于改善民航服务工作者与旅客之间的关系。沟通的基本功能是改善交往双方的关系。首先，沟通可以避免误会。在民航服务过程中，由于性格、宗教信仰、文化水平等主观因素以及时间、地点、环境等客观因素的作用，服务人员与旅客之间很容易产生误会。如果处理不当，就会给民航服务工作带来不利的影响，甚至可能造成无法弥补的损失。避免误会发生的最佳途径就是和旅客进行顺畅的沟通。其次，沟通可以化解矛盾。民航服务工作者每天要面对很多形形色色的旅客，因为工作而产生的矛盾在所难免。要让矛盾得以解决，前提是不能激化矛盾。这就需要以双方的让步为前提。通过沟通，双方能充分了解和理解对方的立场及处境，才会缓和紧张的气氛，在沟通中取得解决矛盾的平衡点，最终成功化解矛盾。

沟通有利于增进民航服务工作者与旅客之间的友谊。根据美国著名心理学家马斯洛的需求层次理论，旅客渴望得到服务人员的尊重。服务人员如果能与旅客进行良好的沟通，满足旅客被尊重的需求，就能够增进双方的友谊，从而树立航空公司良好的企业形象。

简而言之，空中乘务员和机场地面服务人员的沟通质量决定了服务产品的质量，从而决定了客户的满意度，关系着机场和航空公司的生存与发展。

四、沟通的 6C 原则

在民航服务过程中，为了更好地"说话"，更有效地进行沟通，民航服务工作者在沟通过程中需遵循 6C 原则。

（一）清晰（Clear）

清晰是指表达的信息要完整、顺序有效，能够被信息接收者所理解。

（二）简明（Concise）

简明是指表达同样多的信息要尽可能占用较少的信息载体容量。这样既可以降低信息保存、传输和管理成本，也可以提高信息使用者处理和阅读信息的效率。

（三）准确（Correct）

准确是衡量信息质量最重要的指标，也是决定沟通结果的重要指标。不同的信息往往会导致不同的结论和沟通结果。

（四）完整（Complete）

完整就是指表达的信息要描述完整，没有遗漏，否则可能出现"盲人摸象"的现象，即因片面的信息导致判断错误和沟通错误。

（五）有建设性（Constructive）

有建设性是指对沟通目的性的强调。沟通不仅需要考虑所表达的信息要清晰、简明、准确、完整，还要考虑信息接收方的态度和接受程度，力求通过沟通使对方的态度有所改变。

（六）礼貌（Courteous）

情绪和感受是影响人们沟通效果的重要因素，因此，礼貌得体的沟通形式，有利于沟通目标的实现。

第三节　影响沟通的因素

任何沟通都至少有两方参与，各方可能有着不同的愿望、需求和态度。如果一方的愿望和需求与另一方相冲突，就会形成障碍，导致沟通不畅。所以，我们要识别障碍，克服障碍。

一、个人因素

信息沟通很大程度上要受到个人因素的制约。每个人不同的个性、气质、态度、经验、见解等，都会形成信息沟通的障碍，主要体现为以下几个方面。

（一）语言障碍

在口头沟通中，如果语言出现错误，就会直接导致信息的失真。在民航服务工作中，如果一个民航服务人员不能清楚、准确地表达相关信息，就会让旅客理解错误或不知所云，影响沟通的效率。另外，不同语言种类的使用也会造成沟通的不便。旅客来自四面八方，国内的或国际的，使用的语言种类繁多，这在客观程度上给民航服务人员与旅客的沟通带来了困难。目前国内机场服务及航班服务都要求使用普通话，目的就是减少地方语言交流的障碍。而在国际机场及航班服务中有45%是使用英语进行交流。因此，民航服务人员如果能使用多种语言与不同的旅客交流，将会给服务工作带来更多的便利。

（二）文化障碍

文化障碍是指知识水平上的差异以及经验水平不一致，导致对方无法理解，造成沟通障碍。随着航空业的发展，不同国家、地域之间的往来交流越来越频繁，在同一架航班上可能会搭载着不同文化、不同地域、不同种族、不同语言的乘客，空中乘务人员的服务也就有了"跨文化交际"的性质。乘务人员在服务过程中，如果不了解乘客的文化背景，很容易造成与乘客之间的误解，从而导致交际失败，影响服务质量。

案例

航班到达目的地后，一般乘务员会对乘客说"再见""请慢走"之类的话，若用英语对外国乘客说："Please walk slowly!"这会使听者感到困惑：为什么要慢慢走？为什么不能走快点呢？这种饱含着中国式关心的告别，在外国人听来却"别有一番滋味"，命令式的表达方式会令他们感觉被冒犯。

此案例中，乘务员以中华民族特有的心理表达好意，欧美乘客却按自己的文化习惯理解它，导致出现交际失误。

（三）地位障碍

地位障碍是十分常见的一种沟通障碍。虽然工作只有分工的不同，没有高低贵贱之分，但在实际的生活中，依然存在有人对服务工作持轻视、不屑一顾的态度，认为民航服务人员所从事的就是伺候人的工作，或者仗着自己有钱有势，不尊重服务人员，甚至为难服务人员。此外，也有部分民航服务人员觉得自身条件良好，是经过百里挑一选拔出来的，因而自视清高，态度傲慢，对旅客缺乏热情和耐心，让旅客难以接近。地位障碍其实就需要我们进行换位思考，例如民航服务人员想得到尊重，首先就要尊重旅客；旅客想得到更好的服务，就要理解和支持服务人员的工作。如果我们都能设身处地为对方着想，沟通就会变得很顺利。

（四）记忆障碍

因个体记忆不佳所造成的障碍叫作记忆障碍。信息沟通往往是依据组

织系统分层次逐次传递的。然而，在按层次传递同一条信息时，往往受到个体素质影响，从而影响沟通效果。

（五）兴趣障碍

兴趣障碍是指对谈论主题过分关心或漠不关心所造成的障碍。过分关心者往往急于发表个人意见而忽视发送者接下来的信息；漠不关心者对发送的信息不感兴趣，就会分散倾听或观看的注意力，以至于视而不见、充耳不闻，沟通就收不到良好的效果。

（六）信任障碍

有效的沟通要以互相信任为前提。发送者要有一定的公信力，接收者不带偏见接收信息才能使沟通有效，互不信任则会妨碍沟通。

（七）人的情绪状态对信息的理解具有影响作用

在民航服务过程中，当服务人员心理处于松弛状态时，往往会因漫不经心造成言语知觉麻痹，即言语编码出现某种潜意识的组接误差或偏离。当服务人员注意力过于集中时也会出现言语失误，这是在过于警觉、专注的情况下，心理发生兴奋抑制或兴奋点转移所致。总之，民航服务人员在工作中一方面要集中注意力，另一方面又不能过于警觉，要控制好情绪，增强注意力的稳定性。

（八）环境障碍

环境障碍是指沟通受到干扰而突然中断，这是一种常见的障碍。所以环境因素很重要。

> **提　示**
>
> 客舱服务随着运输生产的流程在一定空间、一定自然条件及一定航空保障条件下运行，如天气状况、空中交通管理、机场保障能力等因素都会影响到乘务人员客舱服务工作的开展。

二、心理因素

一个心理正常的人，在与人沟通时所产生的影响人际交往的心理因素，我们称其为人际沟通的心理障碍。它包括以下五点。

（一）嫉妒心理障碍

嫉妒心理障碍表现为嫉妒者当看到别人强过自己受到称赞时就会难过、气愤或暗中拆别人的台，甚至诋毁他人。嫉妒常产生于条件相似的人们之间，因自己无能或懒散，导致比别人差，内心却又不甘。嫉妒者不仅打击别人，也会影响自己的人际关系，影响正常的人际沟通。

（二）羞怯心理障碍

羞怯是人际交往中一种常见的心理障碍。羞怯心理障碍是指人们在沟通时常感到紧张、脸红、语无伦次或过多地约束自己的言行，不能清楚地表达自己的思想感情的一种状况，以至无法充分表达自己的思想感情，阻碍人际关系的正常发展。

（三）自卑心理障碍

自卑是人们对自己的能力做出过低评价的一种心理感受，是一种消极的自我评价。自卑心理障碍会使人丧失上进心，失去自我发展机会。假如一个人长期处于自卑的心理状态，不但会影响自己的人际关系，还将束缚自己的创造才能和聪明才智。

（四）恐惧心理障碍

恐惧是人类的一种原始情绪，是指个人在面临困境并企图摆脱但无能为力时所产生的情感体验。恐惧心理障碍是指沟通时出现的带有恐惧色彩的情感反应，如手足无措、手心出冷汗、身体发抖等。这些都会影响正常的人际交往，使人竭力避免参加公共活动，回避与他人的交往，甚至还会出现自我封闭与外界隔绝的状态。

提 示

恐惧是人的正常情绪，压抑自己的恐惧只会令你更加紧张和不安。

（五）猜疑心理障碍

猜疑是指一种由主观推测而产生的不信任他人的复杂情感体验。在人

际交往过程中，由于欺骗蒙蔽、虚情假意的现象仍然存在，人与人之间的提防戒备之心的存在也有其合理性。但如果防备心理过重，或疑虑之心过重，甚至怀疑一切，认为人人不可信、人人不可交，就会形成心理障碍，造成沟通的失败。

三、心理障碍的克服技巧

从主观上讲，任何人都希望自己是一个成功的沟通者。心理障碍影响了人们的沟通效果，只有跨越障碍，才能获得成功。所以接下来我们要学习克服心理障碍的技巧。

（一）嫉妒心理障碍的克服技巧

克服嫉妒心理障碍首先要把嫉妒心理中正面的上进心扩大，抵制产生嫉妒行为，才能在竞争中心安理得地获得成功；要抑制嫉妒行为，就要对他人宽容，调节自己与他人的优劣对比，多寻找和发现自己超越别人的优势，获得心理平衡；要克服嫉妒心理障碍，还要培养自知之明，以便自己能客观公正地评价自己。

提 示

"宰相肚里能撑船"，如果心胸狭窄，就容易产生嫉妒心理，所以，只有改变自己气量过小的性格才能获得大家的尊重，从而获得成功的人际沟通。

（二）羞怯心理障碍的克服技巧

克服羞怯心理障碍主要要从锻炼性格入手，有意识地多参加集体活动，培养独立自主的性格，多与人交往，特别是要多与性格开朗的人交往。还要积极地自我暗示，鼓励自己在社交场合中展示自我，并做好应付失败的心理准备。

（三）自卑心理障碍的克服技巧

克服自卑心理障碍需寻找出自己的自卑来源于何处。因为不论自卑是来自家庭出身贫寒，还是自身的生理缺陷，或是周围人的评价影响，或是遭受过挫折，都可找到有相近的背景而不气馁的人作为自己的榜样，可以用榜样来激励自己。此外还要学会关注别人。因为容易陷入自卑心理状态中的人往往缺乏集体情感，只有将目光投向别人身上时，才会变得理智、客观、忘我。

克服自卑心理障碍还需增强自信心，对自己要有充分的自信，给予自己积极的思维方式。自卑者应打破过去那种"因为我不行—所以我不去做—反正我不行"的消极思维方式，建立起"因为我不行—所以我要努力—最终我一定能行"的积极思维方式，以自信来清扫自卑的障碍。

（四）恐惧心理障碍的克服技巧

克服恐惧心理障碍首先要明确造成恐惧的真正原因。如果不能清晰地认识到让自己恐惧的是什么东西，恐惧就会继续存在。只有鼓起勇气正视它，才能找到恐惧产生的最初原因，才能通过改善自己的个性，积极与人交往，克服恐惧心理。对于严重的交往恐惧症，还应采取心理咨询和心理治疗。

（五）猜疑心理障碍的克服技巧

要克服猜疑心理障碍，就必须用理智战胜冲动。常常问一问自己为什么起疑心，然后对猜疑的人和事要学会选择正反两方面的信息去分析，控制冲动的主观推测。还要学会用经验巩固理智，而不是让猜疑驾驭自己。除此之外，要学会自制，不让自己的思想停留在对过去的挫折经历的痛苦回忆中，战胜痛苦，摆脱挫折的阴影。要善于培养自信，看到自己的长处和优势，用自信战胜怀疑。最后还应克服自己患得患失的心理，不要让一己之私支配和折磨自己。

第四节　有效沟通的基本技巧

沟通是一个简单而又平凡的字眼，它无时不在，它无处不在。可以说有生命的存在，就有沟通的存在。要获得成功的人际沟通，有一些基本技巧可以助我们一臂之力。

一、真诚表达

表达是将思维所得的成果用语言反映出来的一种行为。它是以交际、传播为目的，以物、事、情、理为内容，以语言为工具，以听者、读者为接收对象。在与陌生人打交道时，我们要克服害羞的心理，学会表达，善于表达，用真诚打动对方。如果你用心记住了对方的爱好、生日、姓名等基本信息，并在适当时候以实际行动表示自己的关心，会给自己创设一个好的沟通环境。

相关链接

著名的人际关系学家戴尔·卡耐基非常注重运用记住生日的方法开展人际沟通活动。他曾在一本书上这样写道："多年来，我一直很重视查找朋友们的生日。怎么会这样做呢？虽然我一点也不相信星相学，但我开始时询问对方，他是否相信人的生日同人的性格和气质有关。然后，我就请他告诉我他的生日，如果他说是11月24日，我就不断重复11月24日、11月24日，等他一转身，我就写下他的名字和生日，然后再记录到一本专记生日的本子里。

每年年初，我就将这些生日在日历上做上记号，这样我就自然而然地注意起来了。生日一到，我就写信或拍电报祝贺。此举打动了多少人啊！我时常是在世界上唯一记得别人生日的人。"

二、真诚微笑

微笑是一种国际礼仪，它体现了人类的相互尊重与亲近。作为一种特殊而重要的表情语言，微笑可以缩短人与人之间的心理距离，可以跨越语言障碍，成为一种世界通用语，广泛地应用在人际沟通之中。所以，无论是对待客户、同事还是对待家人以及陌生人，都应该保持微笑。

三、真诚赞美

无论是生活中还是工作中，人们总希望得到别人的认可，这是每个人都会有的心理需要。赞美别人是一门艺术，一句话能把人说笑，也能把人说跳。学会赞美别人，是我们为人处事必须要知道的一个道理。真诚赞美不仅会使人快乐，也会让自己快乐。所以我们不要吝啬自己的赞美，要多多赞美身边的人。

四、善于倾听

倾听属于有效沟通的必要部分，它不仅仅是要用耳朵来听说话者的言辞，还需要一个人全身心地去感受对方在谈话过程中表达的言语信息和非言语信息。

倾听有助于更多地了解他人、增加知识、改善与他人的关系、获得更多成功的机会。那些自己感兴趣的话题和赞美自己的话语通常大家都会

乐意听。但对于自己不感兴趣的信息且必须要倾听时，就要求我们掌握倾听的技巧：

第一，要体察对方的感觉。体察感觉，意思就是指将对方的话语背后的情感复述出来，表示接受并了解他的感觉，这会产生相当好的沟通效果。

第二，要注意反馈。倾听别人的谈话要注意信息反馈，及时查证自己是否了解对方。如："不知我是否了解你的话，你的意思是……"一旦确定了对对方的了解，就要进入积极的帮助和建议。

第三，要抓住中心思想。善于倾听的人总是注意分析哪些内容是主要的，哪些是次要的，以便抓住事实背后的主要意思，避免造成误解。

第四，要关怀、了解、接受对方，鼓励他或帮助他寻求解决问题的途径。

总之，如果想使自己的谈话成功，就必须学会倾听、善于倾听。有人说，通往心灵的大道是人的耳朵。认真听人讲话是对对方的尊重，能表明你对他观点的重视，这样就容易迈出友谊的第一步。

五、善于提问

提问是对别人感兴趣的一种表现，也是获取信息、获取协调观点的重要途径。提问可以是开放式的，也可以是封闭式的。要想达到目的又让人心情愉快，需要正确选择合适的方式提问。

所谓封闭性提问是指答案是唯一的，有限制的，是在提问时给对方一个框架，让对方只能在框架里选择回答的提问。比如"您今天有时间吗"等。这些问题对方通常只能回答"是""不是""对""错""有"或者"没有"等简短的答案，这样对方不仅会感到很被动，甚至还会产生被审问的感觉，而提问者也只能从客户的答案中得到极其有限的信息。不过，这种提问有时候也有自己的优势。尤其是在你想让对方的选择范围只限制在两个选择之间的时候，它的作用就更大。比如，你想邀请对方按你设想的时间赴约，你就可以这样问："我们是明天晚上见，还是后天晚上见？"这样一来，对方自然就会随着你的安排行动。

开放性提问是与封闭性提问相对应的一种提问方式。它的答案是多样的，是没有限制、没有框架的，可以让对方自由发挥。进行开放性提问既可以令对方感到自然而畅所欲言，又有助于提问者根据对方谈话掌握更有效的信息。而且，在对方感到不受约束、畅所欲言之后，他们通常会感到放松和愉快，这显然有助于双方的进一步沟通与合作。比如，在民航服务工作中你可以这样提问旅客："您遇上了什么麻烦？""您对我们有什么建议？""我有什么可以帮助您吗？"

六、善于自我约束

自我约束力是指自制力、自控力、自律力。自我约束力是传统文化的思想精髓。强调自我约束、立德修身历来是古代先贤所推崇的高尚品质。可是，世上最难约束的恰恰就是自己，特别是当自己遇到不顺心的事时，克制自己的情绪很不容易。

人之所以会发火，其主要原因是缺乏忍耐之心。要化一时的怒气为奋发的动力，才是最佳的处理方法。另外，要懂得发泄怒气的有效途径是转移怒气。要记住，在生气或者完全失去理智的时候，千万不要做出任何决定。要学会对事不对人，对物不对人，这也是息怒之道。还可以离开发生问题的现场，用想其他事的办法转移怒气。闭门静思也是息怒的好办法。

七、善于拒绝

拒绝是生活中常有的事。当别人请求违反自己的意愿时，当别人的要

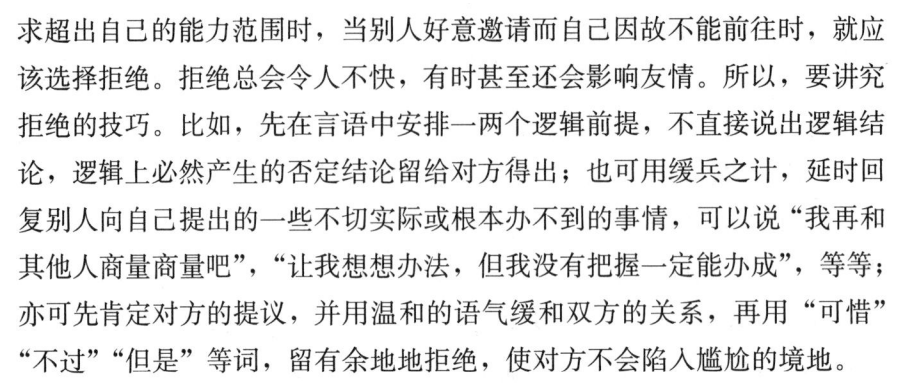

求超出自己的能力范围时，当别人好意邀请而自己因故不能前往时，就应该选择拒绝。拒绝总会令人不快，有时甚至还会影响友情。所以，要讲究拒绝的技巧。比如，先在言语中安排一两个逻辑前提，不直接说出逻辑结论，逻辑上必然产生的否定结论留给对方得出；也可用缓兵之计，延时回复别人向自己提出的一些不切实际或根本办不到的事情，可以说"我再和其他人商量商量吧"，"让我想想办法，但我没有把握一定能办成"，等等；亦可先肯定对方的提议，并用温和的语气缓和双方的关系，再用"可惜""不过""但是"等词，留有余地地拒绝，使对方不会陷入尴尬的境地。

拒绝总会给对方带来失望或不快，我们所要做的就是将由于拒绝而造成的失望与不快控制在最小的限度之内。

八、善于批评

宽宏大度地为人处世绝不是排除批评他人，对于他人的错误，应该善于批评。善于批评者会让对方感到仿佛不是在对他进行批评，而是让他自我反省，这样就容易被对方接受。因此，在批评别人时，我们需要注意以下几点：

第一，要树立正确的出发点。古语云："人非圣贤，孰能无过？过而能改，善莫大焉。"我们要将批评视为一种教育、一种做好思想工作的方式，着眼让人真正认识错误并改正错误。

第二,要讲究批评的艺术。说话是一门学问,批评也要讲究方法,更要讲究艺术。作为批评者,要多一些循循善诱的引导,少一些劈头盖脸的诘问和指责;要善于总结经验,充分利用环境,运用语言的魅力,以敏锐的观察能力、高超的语言艺术、丰富的面部表情,去化解症结,让人抹去心灵浮尘,改过自新、悔而悟之,实现育人的最终目的。

第三,批评者还要特别注重自身形象。己所不欲,勿施于人。言传身教,关键在于身教,以实际行动为别人做好表率。批评别人者自己做好了,才能赢得受批评者的尊重和信服,才能理直气壮地要求别人,在别人犯错时批评和教育别人,从而使批评收到事半功倍的效果。

第五节　有效沟通的基本步骤

步骤一　事前准备

发送信息的时候要准备好发送的方法、发送的内容和发送的地点。我们在工作中，为了提高沟通的效率，应事先做好以下准备：

(1) 设立沟通的目标。
(2) 制定计划。
(3) 预测可能遇到的异议和争执。
(4) 对情况进行 SWOT 分析，即明确双方的优劣势，设定一个更合理的、大家都能够接受的目标。

完成这个步骤一定要注意，在与对方沟通时首先要说明这次沟通的目的。

步骤二　确认需求

确认双方的需求，明确双方的目的是否一致。

步骤三　阐述观点——介绍 FAB 原则

阐述观点，就是怎样把你的观点更好地表达给对方，这是非常重要的。就是说我们的意思说完了，对方是否能够明白，能够接受。在表达观点的时候，有一个非常重要的原则：FAB 原则。FAB 是一个英文缩写：F 就是 Feature，即属性；A 就是 Advantage，即作用；B 就是 Benefit，即利益。在阐述观点的时候，按这样的顺序来阐述，对方更容易听懂和接受。

步骤四　处理异议

当沟通遇到异议，即对方不同意你的观点时，我们可以采用一种类似于借力打力的方法，叫作"柔道法"，即用对方的观点来说服对方。

> **提 示**
>
> 处理异议时，态度要表现出具有"同理心"。
>
> 解决人际关系问题中最具威力的三个字是"我理解"。在民航服务的沟通过程中，营造一个让旅客可以畅所欲言、表达意见的环境，展现支持、理解、肯定的态度，尊重旅客的情绪及意见，让他觉得与你交谈是一件轻松愉快的事。

步骤五　达成协议

是否完成了沟通，取决于沟通双方最后是否达成了协议。

步骤六　共同实施

在达成协议之后，要共同实施。达成协议是沟通的结果，但是在工作中，任何沟通的结果意味着一项工作的开始，要共同按照协议去实施，如果我们达成了协议，可是没有按照协议去实施，那么对方会觉得你不守信用，失去对你的信任。我们一定要注意，信任是沟通的基础，如果失去了对方的信任，那么下一次沟通就会变得非常困难，所以我们应该做到对所有达成的协议一定要努力按照协议去实施。

项目训练（一）　交谈

交谈是指以语言方式来交流各自的思想状态，是表达思想及情感的重要工具，是人际交往的主要手段。交谈是一门艺术，而且是一门古老的艺术。"一人之辩重于九鼎之宝，三寸之舌强于百万之师。"在人类发展史上，交谈作为一种社会现象，是和人类劳动、生活、交际活动一起发展起来的。交谈的艺术性体现在：尽管人人都会，效果却大不一样。所谓"酒逢知己千杯少，话不投机半句多"，正说明了交谈的优劣直接决定着交谈的效果。进行一次成功的谈话，不仅能获得知识、信息的收益，而且感情上也会得到很多补偿，会感到是一种莫大的享受；而参与一场枯燥无味、死气沉沉的交谈，除了是时间上的浪费之外，还会有一种受折磨的感觉。因此，进行交谈训练，对于增进人们之间的了解与友谊、获得知识与信息、提高工作效率都是十分必要的。

一、交谈的前奏——寒暄

寒暄，也叫打招呼。在一般情况下，都是作为交谈者的"开场白"来使用。熟人之间的寒暄，可以使气氛融洽，增进彼此的感情；陌生人之间的寒暄，能够打破僵化局面，缩短人际距离，有利于双方进一步的交谈。常见的寒暄类型有问候型、应酬型、搭讪型、恭维型等。

（一）寒暄的基本要求

一是要自然切题。寒暄话题十分广泛，如天气冷暖、身体健康、风土人情等，但寒暄时具体话题的切入要自然得体。

二是要把握分寸。不同的交谈对象，交谈时要把握分寸。对于年长者，要用庄重、恭敬的语气和言辞；对同辈或年轻人可以适当地随便些、诙谐些。根据交谈对象的职业、身份，选择便于引起共鸣的寒暄语。当然，交谈时也需注意谈话的场合，尤其是正式的社交场合。

(二) 掌握一些寒暄技巧

寒暄内容最好事先准备，精挑细选。很多时候，我们没有充足的时间去思考寒暄的内容，这样一来就应该掌握一些随机选取寒暄内容的技巧。

1. 真挚的问候可以代替寒暄

真挚而有礼貌的问候语很多时候可以代替寒暄。尤其是在你与客户之间的会面是措手不及、完全没有话题的时候，问候更能够起到很好的缓冲作用。当然，你也可以在问候过后再说些别的。不过用问候开头总是一个不错的选择。

2. 从周围环境中选材发挥

从周围环境中选材展开话题是个不错的选择。比如发现客户办公室摆着一个世界杯的雕塑，就可以说："刘经理，你也喜欢足球吗？"这个话题足够拉近自己与客户之间的距离。在发挥这一技巧时要注意：要对自己提起的话题要有一定的了解，这样才不会让对方看低。

3. 攀亲认同乡

乡里关系在中国的商界一向是攀交情的利器。如果你发现客户的口音或者习惯与自己的家乡很接近，或者在那里居住过，就可以以此攀一攀关系。一旦攀关系成功，接下来将要进行的工作就会顺利很多。

二、交谈的基本原则

文明得体的交谈，不仅体现了人们的语言水平，也是交谈者良好素质修养的一面镜子。文明得体的交谈，需遵循以下几个原则。

(一) 真诚坦率、语言准确

真诚是做人的美德，也是交谈的原则，是人际交往中相互信任的基础。交谈双方态度要认真、诚恳，有了直率诚笃，才能有融洽的交谈环境，才能奠定交谈成功的基础。认真对待交谈的主题，坦诚相见，直抒胸臆，不躲不藏，明明白白地表达各自的观点和看法。"出自肺腑的语言才能触动别人的心弦"，真心实意的交流是自信的结果，是信任的表现，只有用自己的真情激起对方感情的共鸣，交谈才能取得满意的效果。

(二) 互相尊重、语言亲切

交谈是双方思想、感情的交流，是双向活动。要取得满意的交谈效

果，就必须顾及对方的心理需求。交谈中，来自对方的尊重是任何人都希望得到的。交谈双方无论地位高低、年纪大小、辈分高低，在人格上都是平等的。切不可盛气凌人、自以为是、唯我独尊。所以，谈话时，要把对方作为平等的交流对象，亲切友好、轻松愉快的语言意味着平等、和谐、坦率和诚实。在心理上、用词上、语调上，要体现出对对方的尊重。恰当地运用敬语和自谦语，谈到自己时要谦虚，谈到对方时要尊重，显示出个人的修养、风度和礼貌，有助于交谈的成功。

（三）举止大方、语言幽默

与人交谈时，不要有小动作（摆弄衣服、摸头发、扳手指、抖腿等）。如果在交谈中，不时看表、看手机，那是无心倾听对方谈话，想结束谈话的表示。有人在交谈时常扳手指或摸自己的耳垂，这是"对方的话无聊，我听腻了"的讯号，是不尊重对方的表现。

在交谈时，应注意语言的幽默感。幽默感是一个人内在涵养的表现，幽默不同于一般的玩笑，更不同于戏谑。幽默，实际上充满着敏锐、机智、友善和诙谐，在会心的笑声里能启人心智，因此善于幽默是一种能力的表现。

三、交谈时的避讳

在交谈中，要尽可能回避会使对方感到不愉快和尴尬的话题，如果无意触及，应立即表示歉意。在日常生活及人际交往中，需要避讳的地方较多，许多有关对方隐私的问题都属于避讳范围。当然，容易引起误解或不快的语言也要注意回避。在议论其长相时，可把"肥胖"改说成"丰满"或"福相"，"瘦"则用"苗条"或"清秀"取代。参加婚礼时，应祝新婚夫妇白头偕老。探望病人时，应说些宽慰的话，如"你的气色比前几天好多了""你的精神不错"等。同时，交谈时要尽量避免触犯对方的风俗习惯、宗教信仰等方面的禁忌。如在佛教信徒面前忌言"杀生"等。面对外国友人的时候，注意避讳更为重要。

四、交谈的技巧

（一）善于提出话题

有既定话题时，谈话内容具体、目的明确，避免"不知从何说起"的尴尬局面。提出话题常用的方式有以下几种。

1. 开门见山

直截了当地从正面提出交谈的话题，给人以直率、干练、自信、简单、利落的印象。既能节省时间，又能提高效率。

2. 迂回战术

迂回战术即欲成甲事，先谈乙事，消除对方戒心，以乙事促成甲事，请君入瓮。对于一些难以直说或不便单刀直入的问题，可以采用迂回战术。在求助、劝谏时，常用这种方法。

（二）明确谈话目的

谈话的目的不外乎有以下几点：劝告对方改正某种缺点；向对方请教某个问题；要求对方完成某项任务；了解对方对工作的意见；熟悉对方的心理特点等等。为此，应防止离开谈话目的东拉西扯。

（三）耐心倾听

与他人谈话，并表示出对谈话感兴趣时，应善于运用自己的姿态、表情、插语和感叹词。诸如：微微地一笑，赞同地点头等，都会使谈话更加融洽。切忌左顾右盼、心不在焉，或不时地看手表。

（四）善于反映对方的感受

如果谈话的对方为某事特别忧愁、烦恼时，就应该首先以体谅的心情说:"我理解你的心情,要是我,我也会这样。"这样,就会使对方感到你对他的感情是尊重的,才能形成一种同情和信任的气氛,从而使你的劝告也容易奏效。

（五）善于观察对方的眼睛

在非语言的交流行为中,眼睛起着重要作用。眼睛是心灵的窗户,眼睛最能表达思想感情,反映人们的心理变化。高兴时,眼睛炯炯有神;悲伤时,目光呆滞;注意时,目不转睛;吃惊时,目瞪口呆;男女相爱,目送秋波;强人作恶,目露凶光。人的面部表情固然可以皮笑肉不笑,但只要你仔细观察,便会发现,眼睛便不会"笑起来"。也就是说,人的眼睛很难作假,人的一切心理活动都会通过眼睛表露出来。为此,谈话者可以通过观察眼睛的细微变化,来了解和掌握人的心理状态和变化。如果谈话对方用眼睛注视着你,一般地说是对你重视、关注的表示;如果看都不看你一眼,则表示一种轻蔑;如果斜视,则表示一种不友好的感情;如果怒目而视则表示一种仇视心理;如果是说了谎话而心虚的人,则往往避开你的目光。

五、交谈中的答问技巧

交谈中要答对方的提问,可以用以下几种答问技巧。

（一）答非所问

对有些问题,要避其锋芒,以求回答得婉转而具体。如家长问老师自己孩子的成绩怎样,老师会答非所问地说,要是能抓紧点,成绩不会差的。既没有直接回答其孩子的成绩不好,也没有让家长因孩子成绩不好而失面子。

（二）无效回答

用一些没有实际意义的话去做非实质性的回答。无效回答可分为有效性无效回答和纯无效回答。所谓有效性无效回答，即表面上看没有直接回答问题，实际上却有很深的内涵需要对方去领悟；所谓纯无效回答，即答话中找不到任何答案，要想得到答案，只有到别处寻觅。

（三）间接回答

有些场合，对方常提出一些敏感的问题，用以试探你真正的意图，或故意提出挑衅性问题以达到刁难的目的。对这样的问题用间接回答的方式，便能收到较好的效果。

（四）以退为进

有些提问者或交谈对象语气咄咄逼人，对此，可以采取以退为进的方式回答，即先把话承接下来，然后适当回敬对方。

（五）避而不答

这种方式是对付那些冒昧的提问者所提出的问题。有时，某些问题自己不宜回答，但对方把问题推到面前，保持沉默显得被动，就可以避而不答。

> **提　示**

在空乘面试中，与面试官交谈时需要注意的几点。

1. 语调

在空乘面试中，语调要肯定、正面，表现信心，尽量避免中、英文夹杂，减少语气助词的使用，避免给面试官一种用语不清、冗长、不认真及缺乏自信的感觉。

2. 保持安静

交流是双向的事，所以不要打断面试官的话，因为这是非常无礼的行为。要耐心听别人的意见，而且不要忽略批评意见。

3. 态度

在空乘面试中，态度要诚恳，但不宜过分客套和谦卑。不太明白面试官的问题时，应礼貌地请他重复。陈述自己的长处时，要诚实而不夸张，要充分表现自己相关的能力和才干。不懂得回答的问题，不妨坦白承认，如若被面试官揭穿反而会弄巧成拙。

以上几点在航空公司其他岗位的面试中同样适用。

项目训练（二） 介绍

介绍是一种涉及范围广、实用性强的口头表达方式。它的作用是通过口头说明使人对陌生的人、事、物、环境等有所了解，获得有关知识。

介绍方式主要有说明、叙述、描述等。常见的有人物介绍和事物介绍两种。

一、人物介绍

人物介绍分自我介绍和他人介绍两种。

（一）自我介绍

自我介绍是日常工作中与陌生人建立关系、打开局面的一种非常重要的手段，因此，通过自我介绍得到对方的认识甚至认可，是一种非常重要的职场技术。恰当的自我介绍能给人良好的"第一印象"，对自我形象的

塑造能够产生持久的影响。

1. 自我介绍例语

"大家好，我叫张晶，'晶'是三日晶，毕业于×××航空职业学校。很高兴和大家认识。"

"您好！刘老师，我是王琳。请多多指教。"

2. 自我介绍的要求

(1) 语言简洁

到一个新的环境学习或工作，一般只要简略地说明自己的姓名、身份、原就读学校或就职单位即可。推销员初次上门推销、维修人员初次上门提供服务，除了自报单位、身份外，还应出示有关证件，以赢得客户的信任。

(2) 客观真实

真实地介绍自己，才能让更多的人了解自己，增进彼此了解。不要用不属于自己的优点来掩饰自己，那样只会显得虚伪。

(3) 真诚自然

如果你不是一个幽默的人，就不要故作幽默，认真诚恳同样可以赢得对方的好感。在你自然的言谈举止中，你的特点会闪闪发光，引起人们的注意。

(4) 掌握分寸

自我介绍要掌握分寸，尤其是公共场合。地位低的人先做自我介绍，自我介绍时态度（表情、神态）要大方、友善、热情，适可而止，有问必答。

示 例

以下是一位同学在面试东航空乘时的自我介绍：

各位面试官你们好！我叫赵婉君，来自青岛。我的特长是声乐、钢琴。参加过2002年在北京举行的首届中国民航航空院校学员推介展示会，并且获得了航空知识问答银奖、服务技能银奖，在才艺展示中以一首弹唱《友谊地久天长》获得在场评委和观众的好评。因为父亲是一名部队飞行员,所以在部队里长大的我,从小就有一种军人的素质和工作作风。我相信,我会以较好的服务意识,继续为东航保持良好的服务形象,谢谢!

(二)他人介绍

他人介绍,又称第三者介绍,指的是经第三者为不相识的双方引见、介绍的一种介绍方式,起着沟通人际、融洽会见气氛的重要作用。它包括"居间介绍"和"代述介绍"两种。

1. 居间介绍

居间介绍是指以第三者身份(居间人)向被介绍的双方说明各自的基本情况及双方接触的目的,使双方相互认识和了解的一种口语交际方式。通常在新老朋友聚会、接待来访者、会晤洽谈等社交与公共场合使用。

居间介绍的基本要求如下。

(1)顺序适宜

社交礼仪中介绍的顺序有"五先"的惯例:一是先把男士介绍给女士;二是先把职位低的人介绍给职位高的人;三是先把年轻人介绍给年长者;四是先把未婚女子介绍给已婚女子;五是先把宾客介绍给主人。

如果是有领导与贵宾参加的重要会议,主持人应先介绍来宾,再按领导的职位高低依次介绍给与会者。如果在座谈会或正式宴会上，主持者可以按照座位顺序依次进行介绍。

（2）称谓恰当

准确恰当地称呼被介绍者，不仅有利于双方彼此了解，也会使人产生愉悦满足的心理感受。不同国家、地区、民族的人名组合、姓与名的排列顺序也不尽相同，尤其是使人敏感的职位、职衔、职称，不可掉以轻心。一般来说，公务员、企业家重视职衔，学者、艺术家重视职称，老百姓重视辈分。

（3）语言谦恭

为表示对他人的尊重和礼貌，介绍时通常用祈使句或者敬语。

谦恭例语：

"请允许我来介绍，这位是×××"

"请允许我为您介绍×××"

"很荣幸能介绍各位认识，这位是×××这位是×××"

在有些场合介绍有名望、有成就或有地位的重要人物时，还可恰当运用赞美之词，从而使介绍语具有浓郁的感情色彩，产生积极的心理效应。

赞美词例语：

"这位就是大名鼎鼎的企业家×××"

"这位是全国重点职校校长，××市（省）十佳教育工作者×××"

（4）态势得体

在进行居间介绍时的规范态势是：站立于被介绍者的一侧，先把身体上部略倾向被介绍者，伸出靠近被介绍者一侧的手臂，大臂与小臂呈弧形平举，手掌向上，拇指与四指分开，四指自然并拢，面部略带微笑，两眼平视被介绍者，然后眼光转向另一方。

2. 代述介绍

代述介绍，指的是以叙述人的身份介绍他人的情况、事迹，使人们对被介绍者有较为具体和全面的了解。例如，学生会、团委干部候选人情况介绍，人民代表候选人的事迹介绍，先进、模范人物、革命英雄事迹展览会的解说词，都属于代述介绍。

代述介绍与人物通讯和事迹报告不同。后者注重具体、生动、感人，而前者要求全面、概括、真实。在内容上一般包括被介绍者的性别、年龄、籍贯、学历、职业、职务等基本情况，着重介绍其主要经历、成绩（成就）及特点。一般用第三人称作介绍，在说明、叙述中可画龙点睛地给予评价。代述介绍时应做到语言朴实、口齿清晰、音量适中、语调平缓。

示　例

在国泰航空周年庆上，主持人是这样介绍"回娘家"的郭羡妮的：

在这个特别的日子里，我们迎来了一位好朋友。她是1999年香港小姐及2000年国际华裔小姐竞选冠军，是20世纪最后一位香港小姐及21世纪首位国际华裔小姐，更是第二位同时获得香港小姐和国际华裔小姐冠军的佳丽；她又是《寻秦记》里的邢晶晶，是《帝女花》里的昭仁公主，也是《隔离七日情》里的汪贾瑜。她就是我们国泰航空的"俏闺女"——香港著名女演员郭羡妮。

二、事物介绍

事物介绍包括产品（商品）介绍、自然环境或人文环境的介绍等。

（一）产品（商品）介绍

产品（商品）介绍多用在推销中。俗话说："好货还得吆喝。"推销员通过洞悉顾客的心理，凭借对产品淋漓尽致的介绍，实现顾客从反感、排斥到接纳、购买产品的过程。

产品（商品）介绍的基本要求如下。

1. 真

要求做到内容客观、科学，不摆噱头。"顾客是上帝"，因此商品的材料、加工、性能、质量、售后服务等情况，都应实事求是地介绍给顾客。这不仅仅是对顾客负责，更是能赢得顾客信任的重要方法。

2. 活

就是抓住商品特征，选准介绍重点，有针对性；还要了解顾客需求，掌握顾客心理，切合特定情景，融知识、情趣一体，使你的介绍激起顾客浓厚的兴趣。

3. 趣

出色的产品介绍词往往是真实性和艺术性兼具、知识性与趣味性交融。语言不仅要通俗、易懂,还要生动、幽默,富于表现力。只有这样才能使顾客愉快地接受你的产品。

(二)环境介绍

环境介绍主要是指具有空间实体特征的自然环境与人文环境,比如市政设施、文化设施、居住环境、购物环境、休闲娱乐环境以及风景名胜、旅游景点等。

根据介绍对象、需求以及环境本身的特点,环境介绍的方法也随之变化。有的以空间为序横向介绍;有的以时间为序纵向介绍;有的以移步换景、转换视角的方式多侧面、多角度介绍;有的纵横结合从各个角度做全面介绍。总之,一定要抓住环境的特征,突出其主体,给人以深刻的印象。另外,介绍时要求通俗生动、条理清晰。

对于旅游景点的介绍,不仅要抓住主要特征,绘声绘色地讲述,而且要突出景点的文化价值和历史价值,注重讲述的鉴赏性和趣味性。

在介绍的过程中,应饶有情趣地讲解有关的人文掌故、轶事传说、碑碣题诗等,不失时机地插入风趣的言辞、有趣的调侃,有叙述,有说明,有虚拟,有实描。叙述宜用短句,选词应通俗化,做到知、情、理、趣的统一。

第二章　态势语言沟通技巧

第一节　情态语言沟通技巧
第二节　身势语言沟通技巧
第三节　空间语言沟通技巧
项目训练　演讲

本章导读

　　态势语言又叫体态语，是人际交往中一种传情达意的方式。包括情态语言、身势语言、空间语言等。态势语言是人际交往中不可缺少的。尤其在民航服务工作中，态势语言在沟通中起着口头语言所不能替代的重要作用。它不仅有助于理解别人的意图，还能使自己的表达方式更加丰富，更利于人与人的沟通。

第一节 情态语言沟通技巧

情态语言是指人脸部各部位动作构成的表情语言，如目光语言、微笑语言等。在人际交往中，目光语言、微笑语言都能传递大量信息。人的面部表情是人的内心世界的"荧光屏"。人的复杂心理活动无不从脸部显现出来。脸部的眉毛、眼睛、嘴巴、鼻子、舌头和面部肌肉的综合运用，可以向对方传递人丰富的心理活动。

一、眼神（目光语）

眼睛是人体传递信息最有效的器官，它能表达出人们最细微、最精妙的内心情思，从一个人的眼睛中，往往能看到他的整个内心世界。人与人之间往往有许多事情只能意会，不能或不便言传，在这种情况下，通过观察他人的眼神可以了解他（她）的内心思想和愿望，推知他（她）的态度。可见，目光接触是非语言沟通的一条重要渠道，能够在不同民族之间建立一种信任，可以帮助人们相互理解，鼓励双方更好地沟通。

（一）目光的功能

目光的功能主要表现在以下几方面。

1. 表达情感

眼睛作为反映心灵深处变化的平台，能准确、真实地传递沟通者的情感。如深切注视的目光，表达了崇敬对方之意；怒目圆睁的目光，表达了仇恨对方之意；回避闪烁的目光，表示惧怕对方之心。

2. 具有威慑作用

当一个人长时间瞪视对方时，对方会收到震慑威吓的信息，使之在逐渐形成的恐惧心理中低头。如检察官选用这种眼神降服贪污嫌疑人就是最好的例子。

3. 显示社会地位

当交谈的双方社会地位悬殊时，地位高者注视地位低者的时间就会较长，在不自觉中表示自己的优越性。

4. 补充信息

当双方在交谈沟通时，讲话者往往会因注意用语而使注视对方的次数少于听者，以致形成彼此间目光接触的机会不平衡。讲话者可以有意识地增加与对方目光接触的次数，适时通过目光接触，补充内心情感信息，使语言沟通效果更佳。

（二）运用目光的礼节

在目光接触中，不同的凝视部位、角度和时间，表明双方的关系也不同。一般可分为以下三种情况。

1. 公务凝视

在正式的公务场合，如业务洽谈、会议、谈判等，目光应落在以双眼为底线，额头中上部为顶角所形成的正三角区内。

2. 亲密凝视

在一般亲人、恋人、家庭成员等亲近人员之间使用，注视的位置在对方的双眼和胸部之间。

3. 社交凝视

一般在社交场合，如舞会、酒会上使用。位置在对方的双眼与嘴唇之间的倒三角区域。

提 示

不同国家、不同民族、不同文化习俗对眼神的运用也有差异。

在美国，一般情况下，男士是不能盯着女士看的；两个男士之间对视的时间也不能过长，除非是得到对方的默许；日本人对话时，目光要落在对方的颈部，四目相视是失礼的；阿拉伯人认为，不论与谁说话，都应看着对方。

大部分国家的人们忌讳直视对方的眼睛，甚至认为这种目光带有挑衅和侮辱的性质。

（三）目光的高度

民航服务，既要方便服务工作，又不至于引起服务对象的误解，这就需要有正确的注视角度。

1. 正视对方

在注视他人的时候，与之正面相向，同时还需将身体前部朝向对方。正视对方是交往中的一种基本礼貌，其含义表示重视对方。

2. 平视对方

在注视他人的时候，目光与对方相比处于相似的高度。在服务工作中平视服务对象可以表现出双方地位平等和不卑不亢的精神面貌。

3. 仰视对方

在注视他人的时候，本人所处的位置比对方低，就需要抬头向上仰望对方。仰视对方，往往可以给对方留下信任、重视的感觉。

（四）目光停留的时间

与一般公众交谈时，目光与对方接触的时间一般占全部交流时间的30%～60%。若对方是同性，应不时与之目光对视，以示尊重；如果与对方关系密切，可以较长时间注视对方，以拉近心理距离；若对方是异性，双目连续对视时间不宜超过10秒钟，目不转睛地长时间注视异性是失礼的行为。

（五）目光的实际应用效果

在与他人沟通时，可在不同的环境中使用虚视、专注、环顾的目光语以提高沟通效果。

虚视是指沟通者的目光似视非视的一种沟通行为。常适用于有较多听众的交流场合。有利于讲话者消除紧张心理，集中精力讲好话。

专注是指沟通者用目光注视对方的一种沟通行为。在专注中向对方传递对其尊重和重视其说话内容的沟通信息。

环顾是指沟通者有意识地将目光转视四周，观察全场的一种沟通行为。其目的在于了解现场情况，与沟通群体相互理解，增进友谊，进而加快双方的信息交流，推动工作开展。

相关链接（一）

许多国家和民族都很重视目光语。

美国招聘人员的主考官，会因为您忘记看着他说话而拒绝给您好工作；阿拉伯人告诫其同胞"永远不要和那些不敢和您正视的人做生意"；加拿大人、澳大利亚人以及其他很多西方人都认为，目光接触是给沟通双方传递诚实、真诚和坦率的信息，不能忽视。

相关链接（二）

民航服务工作者在与旅客沟通的过程中，应该注意双方目光接触连续累计应达到全部沟通时间的50%以上。在为旅客服务时，眼睛不可走神，也不要将视线集中在对方的胸线以下。不要总是盯着旅客上下打量，这样会让对方感到没有受到尊重，从而使对方感到紧张、尴尬。此外，目光语的运用要分清楚当事双方的社会环境和文化差异。例如对异性挤眼，西方国家的人认为表示调皮诙谐，东方国家的人则认为是调情。西方人认为瞪大眼睛是惊讶的意思，而东方人则认为是愤怒。

二、微笑

微笑，是人人皆会流露的礼貌表情，不仅为日常生活及其社交活动增光添彩，而且在经济生活中也有无限的潜在价值。

微笑的主要要求是发自内心，它体现的是内心的快乐，是内心情感的自然流露，包含着对他人的关心和热忱，给人以温暖的感觉。微笑时要正确地与我们的身体语言相结合，身体不能表现得懒散、消极。只有做到口到、眼到、神色到，笑眼传神，微笑才能扣人心弦。微笑还要与仪表、举止相结合，以笑助姿、以笑促姿，形成完整、统一、和谐的美。

相关链接

《蒙娜丽莎》画中隐藏着一只天鹅轮廓。圣鸟天鹅在希腊神话中其实是代表宙斯的妻子——赫拉，赫拉又被罗马人称作朱诺·莫纳丽达；在达·芬奇另一幅名作《丽达与天鹅》的画中，丽达露出蒙娜丽莎般的微笑，这就可以解释蒙娜丽莎的名字的由来，她就是天后赫拉——"莫纳丽达"。

拓展练习

每一位民航服务工作者都应该有航空服务的"标志性"的微笑，这是服务人员与旅客沟通的第一座桥梁。

"标志性"的微笑可以用咬筷子的方法来训练。具体步骤如下：

(1) 用上下门牙轻轻咬住筷子，看看自己的嘴角是否已经高于筷子。

(2) 继续咬着筷子，嘴角最大限度地上扬。也可以用双手手指按住嘴角向上推，上扬到最大限度。

(3) 保持上一步的状态，拿下筷子。这时的嘴角就是你微笑的基本脸型。能够看到上排8颗牙齿就可以了。

(4) 再次轻轻咬住筷子，发出"yi"的声音，同时嘴角向上向下反复运动，持续30秒。

(5) 拿掉筷子，察看自己微笑时基本表情。双手托住两颊从下向上推，并要发出声音，反复数次。

(6) 放下双手，同上一个步骤一样数"1、2、3、4"，也要发出声音。重复30秒结束。

三、眉语

"眉语"一词最早见于李白《上元夫人》一诗中，原文为："眉语两自笑，忽然随风飘。"人们常说"眉目传情"，即在特定的语言环境中，人们用眉毛舒展或收敛等动作来代替语言，以此表情达意。由此可见，眉毛的动作是对眼神的一个非常充分的补充和配合。眉毛对于我们表情的功能，就是更加充分地展示我们内心深处的感情变化；同时，我们也可以通过"察眉"了解别人的喜怒哀乐。

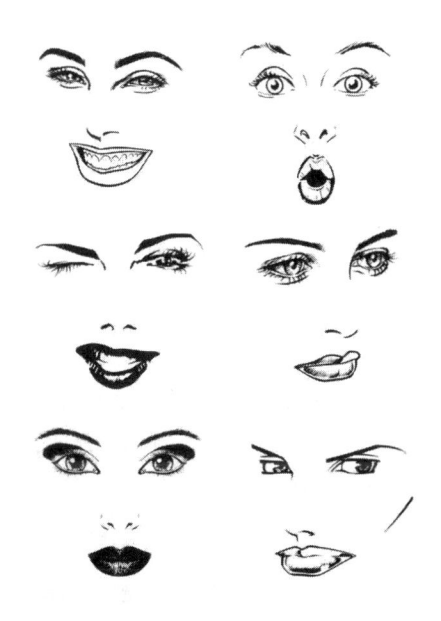

1. 低眉

当人受到侵犯的时候通常显现这种样子。这是一种带有防护性的动作，通常是要保护眼睛免受外界的伤害。

2. 皱眉

可以代表许多种不同的心情，如惊奇、错愕、诧异、怀疑、否定、无知、傲慢、疑惑、愤怒和恐惧。眉头深皱的人，一般都比较忧郁。通常来说，皱眉表现为愤怒和为难的情绪。

3. 眉毛一条略低、一条上扬

这样的形态所传达的信息介于扬眉与低眉之间。一般表示一个人半边脸显得激越、半边脸显得恐惧。眉尾斜挑通常处于怀疑的状态。

4. 双眉上扬

如果一个人在谈话时将双眉上扬，则表示出一种非常欣赏或极度惊讶的神情。

5. 单眉上扬

一条眉毛上扬一般表示不理解、有疑问的意思。

6. 眉毛斜竖

说明对方处于极端愤怒或异常气愤中。

7. 眉毛正常

这种情景出现在谈话中,表示他不作"任何评价"。

8. 双眉紧锁

表示这个人的内心深处忧虑或犹豫不决。

9. 眉心舒展

表明这个人的心情坦然,处于愉快的状态中。

四、头语

头是我们整个人体中最突出的部位,它能表达情感、传递信息,是人际交往中必须重视的一个环节。因为头部集中了所有表情器官,所以往往是人们关注、观察身体语言的起点。

一般情况下,点头表示赞同、欣喜或有兴趣;摇头表示否定、不可理解等。但是,不同的文化也会产生相反的意思,如保加利亚、印度等国家就有"点头不算摇头算"的习俗;而叙利亚人表示"肯定""否定"都是点头,二者意义的区别则取决于头先向前还是先向后。侧头一般表示疑问或倾听。头挺直,表达出对谈判和对话人持中立的态度,同时还表示自信、严肃、正派、自豪、专注、勇敢、精神等信息。这种态度在人际沟通中很受欢迎。

第二节　身势语言沟通技巧

身势语言亦称动作语言，指人们身体的部位做出表现某种具体含义的动作符号，包括手、肩、臂、腰、腹、背、腿、足等动作。在人际交往中，最常用且较为典型的身势语言为手势语和姿态语言。

一、手势语言

手势语言是人们在沟通中常用的肢体语言。它是指说话人运用手指、手掌和手臂的动作变化来表情达意的一种语言。运用好了手势语言，不但能强调和解释语言所传达的信息，而且往往能使讲话的内容更丰富、形象、生动，让听众可听、可看、可悟。

（一）民航服务中常用的手势语言

1. 挥手致意手势

伸开右手手掌，指尖朝上，掌心面向对方，轻轻摆动，用来向他人表示问候、致敬、再见。

2. 常用的引导手势

（1）横摆式

手臂向外侧横向摆动，指尖指向被引导或指示的方向，适用于指示方向时。

（2）曲臂式

手臂弯曲，由体侧向体前摆动，手臂高度在胸以下，适用于请人进门时。

（3）直臂式

手臂向外侧横向摆动，指尖指向前方，手臂抬至肩高，适用于指示物品所在。

（4）斜臂式

手臂由上向下斜伸摆动，适用于请人入座时。

3. 递物手势

递物时，双手为宜，不方便双手并用时，也要采用右手，用左手通常视为无礼；将有文字的物品递交他人时，需使之正面面对对方；将带尖、带刃或其他易于伤人的物品递给他人时，切勿以尖、刃直指对方。

知识延伸

同一手势在不同国家表示的意义不同,需正确理解。

向上伸食指:在中国,这表示数字"1";在美国,表示让对方稍等;在法国,学生在课堂上向上伸出食指,老师才会让他回答问题;在新加坡,谈话时伸出食指,表示所谈的事最重要;在中东,用食指指东西是不礼貌的。

大拇指和食指搭成圆圈:这一手势在美国和英国经常使用,相当于英语中的"OK",表示"同意""赞扬";在法国,表示"零"和"一钱不值";在日本、缅甸,表示"金钱";在希腊,使用这个手势被认为是很不礼貌的举止。

（二）手势运用的基本原则

手势美是一种动态美,运用手势时要规范且适度,遵循欲扬先抑、欲上先下、欲左先右的原则。手势上界一般不宜超过对方视线,下界不低于腰部,左右摆动幅度约在胸前;手指曲线宜软不宜硬、宜慢不宜猛;不能掌心向下,不能紧攥拳头,也不能用手乱指点。

运用手势要注意:手势不宜过多,也不宜过于单调;在任何情况下都不要用手指指自己的鼻尖,或用手指指点他人;与人打招呼、致意、鼓掌、挥手告别时,要注意适度;为他人做介绍、指方向、请人做某件事时,应掌心向上,手指自然并拢,以肘关节为轴;指方向时上身应稍向前倾,显示自己诚恳、恭敬、有礼的风度。

（三）握手礼

美国著名的盲人女作家海伦·凯勒曾写道:"我所接触过的手,虽然无音,却极有表现性。有的人握手能拒人千里,我握着他们冷冰冰的指尖,就像和凛冽的北风握手一样。也有些人的手充满阳光,他们握住你的手,使你感到无比温暖。"海伦·凯勒对握手带给人的感觉表述得很精彩。握手的力量、姿势、时间长短能够表达握手人的不同态度和思想感情。

标准握手礼应该在行礼时行至距离握手对象 1 米处，双腿立正，上身略向前倾，伸出右手，四指并拢，拇指张开与对方相握。握手时应用力适度，上下稍许晃动三四次，随后松开，恢复原状。握手时间应在 3 秒以内。握手还要讲究伸手原则，即"尊者为先"，面对长辈、上级、女士时先伸手，表示对他们的敬重。

知识延伸

握手的方式千差万别，我们可以通过不同的握手方式，了解对方当时的心情。

支配性与谦虚性握手：握手时掌心向下或向上，反映了两种不同的态度。掌心向下传递的是支配性态度，地位显赫的人习惯这种握手方式；掌心向上传递的是顺从性态度，表示愿意接受对方支配，谦虚恭敬。若两个都是想支配对方的人掌心相握，握手则出现竞争态势，其结果，双方的手掌都处于垂直状态。一般同事之间、地位相等的人之间，往往会出现这种形式的握手。

手扣手相握：这种方式就是双方右手相握后，一方又伸出左手握住对方的手背，双手夹握。西方称之为"政治家的握手"，接受者感到对方热情真挚，诚实可靠。但初次见面时应慎用。

双握式握手：用双手握手的人是想向对方传递友好的情感。右手与对方相握，左手伸出去加握对方的手腕、肘、上臂、肩等部位。从腕开始部位越往上，越显得诚挚友好。

捏指尖式握手：女性常用这种方式，不是亲切地握住对方整个手掌，而是轻轻地捏住对方的几个指尖，给人以十分冷淡的感觉。其用意一般是要与对方保持距离。

二、姿势语言

姿势语言是指通过坐、立等姿势的变化表达语言信息的态势语。姿势语言可表达自信、乐观、豁达、庄重、矜持、积极向上、感兴趣、尊敬等或与其相反的语义。人的动作与姿态是人的思想感情和文化教养的外在体现。

（一）站姿

站立是人们生活交往中一种最基本的举止。站姿是人静态的造型动作，优美、典雅的站姿是发展人的不同动态美的基础和起点。优美的站姿能显示出个人的自信，能衬托出美好的气质和风度，并给他人留下美好的印象。

正确的站姿应该是：身躯挺直，挺胸收腹，立腰提胯，抬头平视，嘴唇微闭，面容平和自然。双肩放松，保持水平，双臂自然下垂于体侧，手指并拢并自然微曲，双腿并拢直立，双脚之间成45°或60°夹角，距离以不超过双肩为宜。男士站立时，双脚可呈"八"字形，两脚距离小于或等于肩宽，双手搭在一起放在腹部或臀部，也可一只手垂于体侧，另一只手放于腹部或臀部。女士站立时，双脚可呈"V"字形，脚后跟靠紧，脚尖展开成60°至70°夹角，右手可放在左手上，轻贴于腹部，或右脚向前将脚后跟靠于左脚内侧，成丁字步等。

（二）坐姿

坐姿是指人们就座时所呈现出的姿态。坐姿文雅、端庄，不仅能给人以沉着、稳重、冷静的感觉，而且也是展现自身气质与修养的重要形式。

1. 入座的规范

入座时要轻、稳、缓。走到座位前，转身后轻稳地坐下。如果椅子位置不合适，需要挪动椅子的位置，应该先把椅子移至适当位置，然后入座。坐稳后，保持上身挺直，不要耷拉肩膀，不要含胸驼背，给人萎靡不振的感觉。无论是坐在椅子上或沙发上，最好不要坐满，只坐一半或不超过2/3。端正挺直上半身能显得比较精神，但不宜过于死板、僵硬，使人感到不自然。年轻或身份低的人采用这种坐姿，能表示对对方的恭敬和尊重。如果坐久了也可适当地在椅子或沙发上靠一靠，但不能将腿脚直伸，或半躺半坐，更不可歪斜着瘫在沙发上。

2. 端坐的规范

端坐时要立腰、挺胸，上体自然挺直。双手的摆放要自然得体，可以轻放在腿上，也可以平放在椅子两侧的扶手上。双膝应自然并拢，双腿正放或侧放。女士端坐时最忌双脚分开跷起脚尖、摇腿，穿裙装忌露出大腿或衬裙等。男士两膝间可分开一拳左右的距离，脚态可取小八字步或稍微分开以显自然洒脱之美。

3. 不同坐姿的效果

一个人的坐姿不仅可以反映他惯常的性格特征，而且能反映此时此刻他的心理。因此，我们在人际沟通中，要注意对方的坐姿，调整与其沟通的方式，以达到更好的沟通效果。

如果对方手脚伸开，懒洋洋地坐在椅子上，说明他相当自信，对谈话对象稍有些瞧不起。如果你不能容忍对方的这种态度，可以找一些远距离的椅子坐下，让他够不着你，并可不断地拿出文件、照片或其他东西递与他看，他便不得不挪动位子，这样就能自然地改变他的心理定向。如果对方习惯坐在椅子边上，说明他不够自信，还有几分胆怯，随时准备站起来，或随时准备中断谈话。

重重坐下来的人，此时的心情是烦躁的，最好不要和他谈什么重要的事情，否则不会得到满意的结果；而轻轻落座的人，心情一定是平和的，可以与其自由地交谈；侧身坐的人，除了心情舒畅外，还觉得没必要给你留个好印象；喜欢对坐的人，希望能被你理解；喜欢并排坐的人，认为与你有共同语言；正襟危坐、目不斜视的人，或是对你恭敬并力图留下个好印象，或是此刻内心有些许不安；有意识从与我们并排坐改为对坐的人，或是对我们抱有疑惑，或是对我们有了新的兴趣。坐姿因人的个性和心理状态不同而不同，坐姿的表意功能也是比较丰富的。

（三）走姿

走姿是人体所呈现出的一种动态，是站姿的延续。它能将一个人的韵味和风度表现出来。

走姿的总体要求是：轻松、矫健、匀速。行走时目光平视，头正颈直，挺胸收腹，身体平稳，双臂自然下垂，前后自然摆动。行走中要求行姿协调、自然，富有节奏感和韵律感。

走姿的基本要领是：上身挺直，头部保持端正，微收下颌，收腹立腰，重心稍向前倾；双肩平稳，两臂以肘关节为轴，前后自然摆动，摆幅以30°至40°为宜，手臂外开不超过30°；步位准确，两脚内侧落地时，行走的最佳线迹为一条直线；步幅适当，一般是前脚的脚跟与后脚的脚尖相距一脚长；保持一定的速度，不拖沓，男士每分钟约110步，女士每分钟约90步；停步、拐弯从容不迫，控制自如。

相关链接

英国心理学家莫里斯经过研究发现，人体中越是远离大脑的部位，其可信度越大。面试官可以通过应聘者的脚步对其性格、情绪进行推断。一般情况下，脚步沉稳，表现其沉着、踏实；脚步轻快可反映其内心的愉悦；脚步小且轻，表示其谨慎、服从；脚步匆忙、沉重且凌乱，则可判断其性格开朗、急躁、胸无城府。此外，脚步还能透露出人的心理指向。如果应聘者一坐下来就跷起二郎腿，则可能表明他有不服输的对抗意识，或是有足够的自信，或是有强烈的表现欲望。

第三节　空间语言沟通技巧

空间语言是一种空间范围圈，指的是社会场合中人与人身体之间所保持的距离间隔。空间距离是无声的，但它对人际交往具有潜在的影响和作用，有时甚至决定着人际交往的成败。在实际生活中，人们都是用空间语言来表明对他人的态度和与他人的关系的。

一、人际距离的要求

人际距离指的是沟通者之间的空间距离。不同的空间距离传递不同的信息，但又不能固定不变，因为空间距离因文化背景不同而有异。一般而言，在个人要求的空间范围方面，亚洲人比西方人要小。西方人在与中国人交往时，常能看到西方人有意识地保持两人距离，让人感到不好接触，感到对方不够友好。

从保证健康的角度出发，两人交谈的最佳距离为1.3米。两人可斜站对方侧面，形成30度角最佳，避免面对面。这个距离和角度，既无疏远之感，又文明卫生。

相关链接

据统计，人在说话时可产生约170个飞沫，这些飞沫会飘1米远，最远达1.2米。飞沫中大部分是水分，还含有少量蛋白质，以及脱落的细胞和病毒。这些微小的飞沫从口腔排出后，一部分射落于地，较为细小因水分蒸发而形成更为细小的"飞沫核"悬浮在空气中，传播疾病。

另外，人际距离会因性别不同、场地不同、双方关系亲疏不同做出变化。

1. 人际距离因性别不同而异

男人与女人相比，男人需要的"安全圈"要比女人的大一些，特别是同性之间，几乎看不到两个成年男子手拉手散步的场景；女人则不同，喜欢拉手搭肩而行，即使是陌生人之间，也可表现得很亲密。若干个男人处于一间小屋里，会令他们焦躁不安，情绪容易激动；而同等数目的女性在同样大小的屋子里，会使她们的关系更加亲密融洽。女性往往选择靠近她喜欢的人的旁边坐下，男性则选择在他喜欢的人的对面坐下。

2. 人际距离因场地不同而异

当人们与陌生人相处时，都会保持一定的距离。但当受到场地限制，距离不得不缩短时，如身处非常拥挤的公共汽车上或繁华的闹市中，人们已不存在私有和公有空间，素不相识的人挤在一起，人们虽然身体挨得很近，却常常会把视线移到别处，一般不会四目相对，从而达到自己心理上自我保护意识中的空间范围。

3. 人际距离因双方关系亲疏不同而各异

两个陌生人之间的交际距离比两个熟人之间的交际距离远；一般关系中的人交往比好朋友之间距离远；通常朋友关系与情人相比，朋友间明显比情人间距离远。

二、人际距离的运用

美国人类学家爱德华·霍尔博士为人际交往划分了四种距离，每种距离都以与对方的关系相称。

（一）亲密距离

亲密距离是指处于亲密区的人相互之间的空间距离，具体为0.5米范围之内。表示人际关系亲密，大多为自己的亲人和密友。一般人不能闯入这个空间，否则会令人焦虑不安。

（二）个人距离

个人距离是指处于个人日常交往区内的人相互之间的空间距离，具体在0.5~1.2米之间。这个距离是非正式个人交往时经常保持的距离，一般指与朋友、同事、要好的邻居等之间交往时的距离。个人距离是各种宴会或非正式场合站立交谈时的最佳距离。

（三）社交距离

社交距离是指处于社交场合中的人相互之间的空间距离，具体在 1.2~3.5 米之间，体现出一种公事上或礼节上的较正式关系。

（四）公众距离

公众距离是指处于公共区的人相互之间的空间距离，具体在 3.5~7.5 米之间。这个距离通常会借助话筒等设备，也称为公开讲话距离，如讲座、演讲、领导的报告等。

显然，相互交往时空间距离的远近，是交往双方之间是否亲近、是否喜欢、是否友好的重要标志。因此，人们在交往时，选择正确的距离是至关重要的。

知识延伸

常规服务的人际距离：

直接服务距离一般保持在 0.5~1.5 米的距离。

引导距离一般保持在 1.5 米左右。

待命距离一般保持在 3 米以上。

展示距离一般保持在 1~3 米。

禁忌距离切不可小于 0.5 米。

项目训练　演讲

演讲就是对公众的讲话，是以口语（讲）为主，态势语（演）为辅的一种表达形式，又称演说或讲演。从形式上可将其分为命题演讲和即兴演讲两种。演讲既是一门科学，又是一门艺术，是将语言、情感、态势语因素有机结合在一起，点燃人们心灵之火的科学与艺术。演讲是一种最直接、最灵便、最主动、最有效的宣传沟通艺术。它的基本要求是：以事感人、以理服人、以情动人、以势夺人。

一、演讲的前期准备

（一）演讲稿

一篇完整的演讲稿分为开头、主体和结尾三部分。

1. 开头

演讲的开头，也叫开场白。它在演讲稿的结构中处于显要的地位，具有特殊的作用。

（1）出语惊人

演讲的开场白可描绘一个异乎寻常的场面，或透露一个触目惊心的数据，或栩栩如生地描述一个骇人听闻的事情，造成"此言一出，举座皆惊"的艺术效果。这样，听众不仅会蓦然凝神，而且还会侧耳细听，更多地寻求你的讲话内容，探询你演讲的原因。

（2）引用名言警句

作为开场白的被引用材料，一定要符合演讲的整体基调，应具有相当强的概括力、说服力和感染力，而且要与时代接轨。

示 例

"北冥有鱼,其名为鲲,鲲之大,不知其几千里也。化而为鸟,其名为鹏,鹏之背,不知其几千里也。"

曾几何时,我的心里有一个萌芽:"我将来要做一只鲲鹏,可以'大鹏一日同风起,扶摇直上九万里'。"

(3)交代背景

演讲时,如果听众对演讲的主题不熟悉或是了解甚少,在开头部分对听众讲述与主题相关的背景知识是很有必要的。

(4)设置悬念

人都有好奇的天性。在开场白中制造悬念,能激发听众的强烈兴趣和好奇心,在适当的时候解开悬念,使听众的好奇心得到满足,也使演讲前后照应,浑然一体。

(5)叙述故事

叙述故事是抓住听众注意力的良好开端。人们大都是爱听故事的,一般人尤其爱听有关演讲者亲身经历的故事。

(6) 运用幽默、笑话

结合演讲的内容，适当巧妙地运用笑话、幽默开头，能达到引人入胜的效果。幽默、笑话的运用不仅能说明一个道理，更能使听众笑后回味无穷。

示 例

1990年中央电视台邀请台湾地区影视艺术家凌峰先生参加春节联欢晚会。当时，许多观众对他还很陌生，可是他说完那妙不可言的开场白后，一下子被观众认同并受到了热烈欢迎。他说："在下凌峰，我和文章不同，虽然我们都获得过'金钟奖'和最佳男歌星称号，但我以长得难看而出名……一般来说，女观众对我的印象不太好，她们认为我是人比黄花瘦，脸比煤炭黑。"这一番话嬉而不谑，妙趣横生，观众捧腹大笑。这段开场白给人们留下了非常坦诚、风趣幽默的良好印象。不久，在"金话筒之夜"文艺晚会上，只见他满脸含笑，对观众说："很高兴又见到了你们，很不幸又见到了我。"观众报以热烈的掌声。至此，凌峰的名字便传遍了祖国大地。

(7) 巧用修辞

精彩的演讲必须有精美的语言包装，要想语言生动活泼，就要发挥修辞的作用。在意境方面，用比喻、夸张、设问、反问、借代等修辞手法，调剂语言韵味，让听众听得有趣；在形式方面，用对偶、排比等整齐的句式来增强演讲的气势，让听众听得振奋。

示例一

您可曾记得，2001年举世震惊的"9.11"恐怖袭击事件是因为安全检查质量不过关，使恐怖分子有机可乘，酿成了无可挽回的后果？而"9.11"事件尘埃未尽，我们还来不及审视美国机场安检系统疏漏时，我国民航"5.7"空难，在大连上空又酿成了多少个家毁人亡的惨剧？时至

3月7日,南航CZ6901乌鲁木齐至北京航班上一新疆维吾尔族姑娘恐怖破坏未遂案件又让我们在奥运年心有余悸……这一起起安检工作质量教训怎能不让人警醒万分?这一幕幕血淋淋的场面怎能不让人悲痛不已?顷刻间妻子失去了丈夫,孩子变成了孤儿,难道这不是血的教训吗?质量就是旅客的生命。安全检查是民航空防地面安全的最后一道关口。我们的工作质量,不仅关系到民航行业形象,更关乎国家财产和旅客生命的安危。

示例二

曾几何时,我的心里有一个萌芽:"我将来要做一只鲲鹏,可以'大鹏一日同风起,抟摇直上九万里'。"

曾几何时,爸爸妈妈告诉我:"孩子,记住,你一定要做一只鲲鹏,在你的蓝天展翅翱翔。"

曾几何时,敬爱的老师们对我说:"梦想就是你的翅膀,没有翅膀你只能做井底之蛙,而有了翅膀你就是只翱翔的鲲鹏。"

如今,学习民航服务专业的我们,是不是应该以"建设民航强国"为己任,做一只与燕雀迥然不同的鲲鹏呢?

2. 主体

演讲稿的主体,即正文部分,是演讲的核心内容。演讲稿的主体,要纵横展开,形成不同的层次,做到思路清晰,主题明确,层次分明,结构严谨,内容充实,语言简练,节奏适度,张弛有致。可以记述与抒情相结合,也可以夹叙夹议,叙议结合。

3. 结尾

结尾是演讲稿的有机组成部分。结尾给听众的印象,往往代表整个演讲给听众的印象。言简意赅、余音绕梁的结尾能够使听众精神振奋,并促使听众不断思考和回味。写结尾时常犯的毛病有要么草草收兵,要么画蛇添足,要么就是套用陈词滥调,更有些人在本来已经讲完后,又唠叨几句"我讲得不好、请大家批评指正"之类的话,势必让人反感。演讲稿的结尾没有固定的格式,常见的收尾方式有以下几种。

（1）号召式

演讲者通过对体现共同思想、共同愿望、共同利益的某个问题的阐述，使其观点得到听众的认同，演讲达到一定高潮。接着，演讲者用感情激昂、动人心弦的话语向听众指明行动的目标和步骤，对听众进行呼吁。

示 例

我和我的同事们有个共同的梦想，那就是让安全助飞民航强国梦。为了这个梦想，我们甘愿平凡，不过平凡的工作中同样有着不平凡的坚守，我们要树立"红线"意识、"底线"思维，把一切不安全因素全部扼杀在摇篮之中。我们不需要惊心动魄的场面，也不需要耀眼夺目的光环，我们需要的是坚守岗位，完成本职工作，成为一名合格的蓝天守望者，为谱写中国梦民航篇章，奉献自己的青春和汗水。

（2）运用诗词式

用诗词结束演讲可使演讲显得典雅而富有魅力，加强演讲的效果。但应注意，演讲者引用的诗词，一般情况下不能太长，演讲者要能正确把握诗词的含义，使引用的诗词确实能为深化演讲的主题服务。

（3）借鉴名人演讲的流行话语式

名人的话具有权威性，名言更容易使人信服。恰当地运用有权威的名人的话或名言结束演讲可以给听众留下更深刻的印象，也可以为演讲者的观点提供有力的证明。但要注意，引用的话必须恰当，这样才能深化演讲的主题。

（4）颂扬式

用颂扬的话结束演讲可以使演讲者和听众的关系变得融洽，引起听众的共鸣，把演讲气氛推到一个新的高潮。但赞扬的话不能过分，演讲者要表情自然，态度严肃，语气诚恳。

（二）试讲

试讲就是正式演讲的模拟练习。试讲不仅对演讲稿的记忆有所帮助，还可以使演讲者减轻正式演讲时的紧张感，同时演讲的时间也是由试讲确定的。

试讲可以分下面两个步骤进行。

1. 讲给自己听

这个阶段主要是记忆演讲稿，梳理思路，打好语言基础。

2. 讲给别人听

在演讲内容成熟的基础上，最好请朋友、家人作为听众进行演讲。试讲时表情和动作应与正式演讲无异，这样可以在与听众交流方面有所帮助。

二、演讲的技巧

（一）语音技巧

声音是一种强有力的沟通手段，具有灵活自如、可以按照理想要求进行改变的特点，能够表现出比我们所说的词语更重要的感觉。

1. 语速

演讲时语速要适中，富于变化。过于平直的语速容易使人陷入单调的境地，这时需要用一定的语速变化来突出激情部分，突出、加强自己想强调的部分。演讲时还要防止两个极端：过慢或过快。如果每分钟语速不到100个字容易让听众产生无聊、欲睡的感觉。太慢还显得拖沓，容易让人失去耐心，也给人以缺乏力度和激情、技巧不熟练、对演讲内容不熟悉等错觉。过快则是每分钟超过200个字，听众无法跟上演讲者的思路，效果也不佳。太快还可能让人听不清楚，对主要观点难以形成深刻的印象。而急促的语速也给人以过于紧张、缺乏控制力的错觉。

2. 重音

演讲过程中为突出某个词、词组或某个音节的一种发音方法。一场演讲或一段话中，总会有一些关键词或重点词，可在演讲前先梳理一下，演讲时用重音与轻音的变化突出这些词。讲到这些词时，可适当放慢速度，让听众听得更清楚，加深印象。同时，可用适当的手势、停顿、反复等手法来强化效果。重音的主要技巧在于咬字的音量和力度，可以把听者的注意力引向重要内容，但不能过多地使用。

3. 停顿

演讲中要合理地使用停顿，最好选择思路单元的末尾进行，不要用"嗯""啊"等语气词去补白。演讲停顿一般分为语法停顿、逻辑停顿和心理停顿三种形式。适当的停顿要考虑听众的接受度，要让听众有足够的时间消化你想传递的信息，同时也给自己控制节奏、理清思路、观察反馈的时间。停顿时间不宜过多过长，以免形成拖沓的印象，要保持一定的语句连贯度。

4. 语调

语调是演讲中的调味品，指在声音上表达出来的高低、轻重变化，通过这种变化来表达演讲者的情感内容。一般语调有平直、升扬、交曲和下降四种类型。在演讲时只有配上恰当的语气语调，才能产生形象色彩、理性色彩、感情色彩、风格色彩。采用什么语调演讲要根据演讲内容的感情决定。严肃、平淡、压抑的句子用平调；疑问、反问、设问、呼唤的句子用升调；欢迎、惊讶、讽刺、暗示的句子用曲调；感叹、肯定、赞颂的句子用降调。一般情况下语调以从容、有力作为主基调，适当加入高潮式的高音量和语调为佳。

另外还需注意在演讲中的两种倾向：一是只"讲"不"演"，只注重它的实用性而忽略了它的艺术性；二是过分的"演"，反而冲淡了演讲的实用性、现实性和严肃性。所以，演讲要"演"，又要"讲"。不能像相声那样只演，也不能像报告、讲话那样只讲。

（二）构筑演讲高潮的技巧

一个成功的演讲，不可能没有高潮。构筑演讲高潮要体现三个特点：

第一，思想深刻、态度明确，最集中体现演讲者的思想观点。

第二，感情强烈，演讲者的爱恶、喜怒在这里得到尽情宣泄。

第三，语句精练。

（三）现场控制技巧

1. 冷场

造成冷场的原因有以下一些：

（1）演讲速度不合适。

（2）表达单一，听者不接受演讲者的表达方式。

（3）演讲的内容太长或太抽象。

面对冷场，通常采取以下措施：

（1）通过提高音量或骤然停顿的方法，引起听众注意。

（2）制造悬念和有意提问，激发听众积极思考。

（3）穿插笑话和幽默故事，调解现场气氛。

2. 哄场

在演讲过程中，难免会出现哄场现象，如吹口哨、喝倒彩、喧闹捣乱等。出现哄场的原因一般有三种：

（1）由于演讲者的紧张，出现"卡壳"，讲漏嘴，说错话。

（2）演讲者观点与听众想法相悖，听众产生逆反心理。

（3）听众对演讲者有成见，故意捣乱，对演讲者进行人身攻击。

明智的演讲者会迅速判断出哄场现象出现的原因，针对不同原因采取不同的控制措施。

对于第一种原因，因紧张"卡壳"，演讲者可以大胆讲述后面的内容，不要因忘却中断演讲，破坏听众的情绪；还可以就地调换话题，就上段内容进行发挥；或者趁机向听众提个问题，暂时转移听众的注意力以赢得时间回忆讲稿。当然，调换话题和趁机提问一定要与演讲内容紧密联系。说漏了嘴或讲错了话引起哄场，演讲者应采用"当场纠正"或"借题发挥"的方法加以补救。

对于第二种原因，演讲者切不可当众强硬批驳，应以温和的态度，运用诱导的方法，缓解矛盾，给持不同观点的听众一个撤退的台阶。比如主动地说："这些看法有些同志不一定乐意接受，对同一问题，有不同看法，是很自然的，从某种意义上说，你们所讲的也不无道理，不过……"用这样的模糊语言委婉地讲解，采用欲抑先扬之法，可使观点相悖的听众体面地撤退，然后演讲者再用一个"可是""不过"将话转移到论题就可以了。

对于第三种原因，演讲者必须当众揭露制服。

3. 出现意外情况

演讲时的意外情况，有的是时空环境的原因造成的，也有的是演讲者自身失误造成的。遇到出乎意料的情况，演讲者应该随机应变，灵活自如地处理。

> 示 例

2011年5月11日上午，中国民用航空局李局长在"2011中国民航发展论坛"就民航业与转变经济发展方式发表重要讲话。开始后现场音响发出有节奏的"嘟嘟"声。面对这情况，李局长轻松地笑道："这是前奏，表明我下面将有郑重的讲话。"台下听众会心地笑起来，并为他的幽默报以了热烈的掌声。

评析：李局长用机智、幽默的话语及时地化解了现场的尴尬，赢得了现场听众的热烈掌声，使演讲生色增辉。

第三章　人际风格沟通

第一节　人际风格概述
第二节　上行沟通
第三节　平行沟通
第四节　下行沟通
项目训练　会议沟通

本章导读

在平常的工作和生活中，我们会遇到形形色色的人，每一个人在沟通中的表现都不会完全一样。只有了解各自不同的特点，才能用不同的方法与其沟通，以获得更好的沟通效果。

第一节 人际风格概述

在人际沟通过程中，我们依据一个人在沟通过程中情感流露的多少，沟通中决策速度的快慢，把人际交往人群分为和蔼型、表达型、分析型以及支配型四种类型。

一、和蔼型

（一）和蔼型人的特征

和蔼型的人感情流露多，总是微笑地看着你，说话较慢，表达较慢，果断性较差。这类人具有合作、耐心、友好、轻松、和蔼可亲、说话慢条斯理等特征。

（二）与和蔼型人的沟通技巧

和蔼型的人看重的是双方良好的关系，他们不看重结果，所以与他们建立良好的关系很重要。与他们沟通时，应该保持微笑，以微笑的姿态与其沟通，能使双方更加亲近。还要注意常与之进行目光交流，说话不能太快，可保持一定的语速。这种类型的人，往往会在办公室放上家人的照片，和这种类型的人沟通时，如果能适时地赞美几句，将会收到良好的效果，因为这是他所期待的。

二、表达型

（一）表达型人的特征

表达型的人感情比较外露，做事非常果断、直接，为人热情，说话时动作较多，而且比较夸张。这种类型的人外向、合群，并且幽默活泼，但不注重细节，甚至有些健忘。一般这种类型的人都比较容易相处。

（二）与表达型人的沟通技巧

根据表达型人的特征，我们与其沟通时，应该提高说话的声调，和他一样充满热情，活泼有力；说话时不呆板，配合一些动作，直接陈述自己的观点，在对方出现一些动作时关注其动作，对方也会因此而受到鼓励。

三、分析型

（一）分析型人的特征

一般在决策过程中不果断，感情流露不明显，说话啰嗦，问了许多细节仍做不了决定的人，属于分析型。这一类型具有严肃认真、有条不紊、语调单一、动作较慢、注意细节、有计划有步骤、喜欢有较大的个人空间等特征。

（二）与分析型人的沟通的技巧

当我们在工作生活中遇到分析型人时，沟通时要注重细节，要遵守时间，与其交谈时可以边说边做好记录，让对方觉得你也是一位做事认真的人。和分析型人沟通不需要有太多的眼神交流，还要避免有太多的身体接触。因为这一类型的人看重个人空间，强调安全。所以，与他交流时，你不能身体前倾而应略微后仰，这样将会收到较好的沟通效果。

分析型人喜欢对方使用专业术语，与其沟通尽量使用图表和用数据说明问题。

四、支配型

（一）支配型人的特征

支配型的人感情不外露，但是做事非常果断，喜欢指挥别人、命令别人。一般大家都认为这种类型的人比较有能力，说话快且有说服力，做事强调效率，讲究计划。虽然支配型的人面部表情比较少，但他们却乐意与人交往。

（二）与支配型人的沟通技巧

由于支配型的人习惯指挥别人，对别人是否尊重他很在意，所以与其沟通时，应该表现出对他的尊重。如说话时身体微向前倾，表示重视他的意见，要有比较强的目光接触。支配型人强调效率，回答他的提问要非常准确、直接。说话要声音洪亮，如果声音细小，会让对方觉得你是一个没有自信的人，从而会影响你与他的沟通效果。

和支配型人沟通无须太多的寒暄，可直接说明你的来历，或直接告诉他你的目的，要尽量节省时间。

第二节 上行沟通

上行沟通是指下级向上级反映意见，即自下而上的沟通。有效的上行沟通可以营造企业民主管理文化，提高企业创新能力，同时还会影响到下属的发展前途。因此，一定要学会如何与上级沟通，展现个性，凸显才能。

一、上行沟通的障碍

（一）个人心理障碍

实践中，信息沟通的成败主要取决于上下层级之间全面有效的合作。但这些合作往往会因下属的恐惧心理以及沟通双方的个人心理品质而形成沟通障碍。一方面，如果领导者不善于沟通，会给人造成难以接近的印象，或者缺乏必要的同情心而不能体恤下情，都容易造成下属的排斥和恐惧心理，影响信息沟通的正常进行；另一方面，不良的心理品质也是造成沟通障碍的因素，部分人习惯于传播小道消息，报喜不报忧，搬弄是非，挑拨离间，导致沟通不能起到应有的效果。

（二）沟通意识的不足

每个人在信息沟通的意识上都存在差异。下属往往因惧怕上级或缺乏信任而不愿与上级进行沟通交流，也不进行自我披露。下属对公司的发展战略、人事变动、组织变革、业务发展等重要信息不能通过正式渠道获知，小道消息等非正式渠道就成为其信息的主要来源。因此造成信息沟通和反馈中的障碍。

二、上行沟通的策略

（一）主动了解上司，积极投入工作

说起和上司沟通，很多人心里明白其重要性，但在实际工作中，却会认为上司是不可捉摸的。于是，自觉不自觉地能躲就躲，尽量减少与上司沟通的机会。其实，上行沟通应是下属工作中的重要职责。下属需要从中了解上司意图，获得上司支持，把握自己未来的工作方向，提升工作效率。所以，在工作中，主动了解上司是十分必要的。

通常我们把上司分成四种类型：怀疑型、能力欠缺型、严谨型、权威型。不同类型的领导，要用不同的沟通方式。

怀疑型的领导，最好的方法是多向他汇报，让他时时了解你的工作情况，让他放心；能力欠缺型的领导，会担心下属超过他，这时就应该收敛自己的锋芒，谦虚谨慎，以消除其戒心；严谨型的领导喜欢批评下属，你应该体会到他对你的留意和关心，所以要有耐心，并积极改进；权威型的领导喜欢有自信、工作责任心强的人，你应该积极表现，充分展示自己的才华和智慧。

当上司安排工作给下属时，最喜欢听到的回答是"保证完成任务"，最不喜欢下属将困难挂在嘴边。成功的领导都希望下属有很强的执行力，能积极地工作，把困难、难题看作是"考验""挑战"。作为下属，如果真遇到比较难解决的问题，应尽早与领导沟通，并拿出不被困难吓倒的决心，力求将工作做好。

案 例

某票务公司新招聘了三名应届毕业生A、B、C，三人年纪相仿，才能相当，且都希望早日被提拔重用。A常常想，最好能见到总经理，让总经理知道我是一个有才能的人就好了；B同样这样想，并且留意总经理上下班时间，希望能在电梯里遇上他，和他打个招呼，让总经理认识他；C更进一步，他详细了解了总经理的奋斗史和个性，并且精心设计了几句简单且有分量的开场白，在算好的时间里乘电梯，跟总经理打过几次招呼后，终于有一天获得了长谈的机会，充分显示了他的才能和智慧，不久便得到了提拔。

（二）认真倾听，学会服从

在上级下达指示时，下属一定要注意倾听，不但要听清楚上司说什么，更重要的是要弄明白上司的意思。聆听时，要有交流的眼神，不时地点头回应，表示你已理解，必要时应适当作记录。上司叙述完毕时，应该将上司的话扼要地重复一遍，以免产生误解。

相关链接

接受上司的任务，可用传统的5W2H方法来快速记录要点，即时间（When）、地点（Where）、执行者（Who）、为了什么目的（Why）、需要做什么工作（What）、怎样去做（How）、需要多少工作量（How many）。

面对上司，你身为下属在执行任务时一定要强调"服从"二字。服从就是直截了当地接受，就是先接受再沟通，无论你有多少不接受的理由，只有先接受后再与上司沟通协商解决困难。服从要求马上按指令行动，就像部队的士兵一样，人随命令而行，不能有一时一刻的拖延。服从的同时，还要及时复命。复命是你和领导进行沟通的重要渠道，可以让领导更充分地了解你的才能。

当然，在复命时如果能把握好上司的个性和工作风格，那么将起到事半功倍的效果。如果上司是个事无巨细皆不放松的人，那么你就应该主动报告你的工作进度，以便上司知道事情进展到什么程度，一旦有了偏差还来得及纠正，不要等到上司来问的时候才发现问题。如果上司是个只愿把握大局的人，他可能只注重结果，那么就应该自己把所有的基础工作都做好。汇报一大堆细枝末节，只会让上司烦恼，让他不信任你。

（三）坦诚接受批评

谁都有可能在工作中出差错，面对来自上司的批评，一定要调整好心态，应该具有一定的组织观念，心里应该清楚这并非上司找你个人的茬，而是在履行他的职责，要学会换位思考。有的领导在批评他人时，比较讲究方法，可能你比较容易接受。有的领导可能说话比较直，不注意方式方法，你就应该认识到只要领导的出发点是好的，是为了工作、为了大局的，我们就不应该计较其态度。同时，要积极改正错误，不推卸责任，力戒消沉。

上司在布置工作时，假如你认为你的方法比上司的更高明，切忌当众推翻上司的方案，应该在会后，私下委婉地提出你的方案，并以商量征求

意见的口气提出。如果想提出新的建议，应尽量收集可用做支持的事实，然后将这些事实加以说明，使上司能够接受你的方案。若能提出多种方案供上司选择，更是一个良策，你可以列举出各种方案的利弊，供他权衡并做出决策。

知识延伸

与上司沟通必备的8个黄金句型：

我们似乎碰到一些状况。（以委婉简单的方式传递坏消息）

我马上处理。（上司传唤时责无旁贷）

某某的主意真不错。（表现出团队精神）

这个报告没有你不行啦！（说服领导支持）

我很想知道你对这件事情的看法。（恰如其分地讨好）

谢谢你告诉我，我会仔细考虑你的建议。（面对批评表现冷静）

让我再认真的想一想，3点以前给你答复好吗？（巧妙闪避你不知道的事）

是我一时失察，不过幸好……（承认疏失但不引起上司不满）

第三节 平行沟通

平行沟通即同级沟通，又叫横向沟通，是指一个企业内同一层面间的沟通，其特点是宽松、亲密、迅捷。沟通的双方是同级关系，不存在谁指挥谁，谁服从谁的上下级关系。但管理者是通过他人来完成工作任务的，而他人并非只是自己的下级，很多工作需要平级部门间的合作，需要同事的配合。所以，营造良好的同事关系很重要。

一、平行沟通的障碍

（一）部门之间的利益冲突

如果平行沟通的两个部门之间存在利益冲突，则不但会导致部门之间的沟通失败，还会导致两个部门员工之间相互攀比、相互保密，对于一些需要合作的工作，出现怠慢情绪。

（二）缺乏整体意识

员工作为个体的存在，往往缺乏整体的意识，不能从集体的利益出发，都不愿担责任，出现"踢皮球""打太极"等现象，导致工作缺乏效率。

（三）部门本位主义

在企业中，各部门过于看重本部门，以本部门的利益为中心，忽视其他部门的要求和利益，会导致各部门之间沟通不畅、难以合作。要知道，企业是个共同利益体，企业最终目标的实现是靠企业各部门全体员工的共同努力。

（四）组织结构部门之间责权不明确

在组织设计中，往往会出现部门之间责任交叉，责任不明确的情况，这样就会出现在平行沟通中责任互推的现象。

二、平行沟通的策略

(一) 真诚待人

在要求得到平级同事配合工作时，语气中不能带一丁点儿的指令。要从尊重对方做起，真诚对人、真诚工作，积极建立自己的沟通信用。当同事获得成绩时，要真诚道贺；当同事遇到困难时，要真诚帮助，绝不能落井下石；当同事无意间冒犯你时，要学会宽容。时刻记住，我们白天的大部分时间都和同事在一起，一个人是否快乐、是否满足，与你经常相处的同事之间和谐与否关系很大。

(二) 明确责权

在沟通时，各部门需要明确责权，要能准确描述本部门的工作性质、工作范围、工作责任，在与其他部门的沟通中，及时发现管理空白地段，并进而在与上级的协调中，填补空白。各部门都要有服务意识，即我为下一个工作环节服务。只有这样，才能为企业共同的终端服务对象提供优质的产品和服务。

(三) 明确沟通目的

在进行平行沟通之前，要弄清楚本次沟通的目的是什么，希望达到怎样的效果，要求对方如何配合。事前可以把这些写下来，以便在沟通时能做到有的放矢。

(四) 尊重他人，互帮互助

在社会生活和工作中，要处理好复杂的同事关系，必须要懂得尊重他人，懂得互帮互助。凡是受欢迎的同事，都是尊重他人之人。这些人尊重他人的人格，尊重他人的工作，不随意贬损别人，不随意支使别人，不嫉妒他人的成绩。即使你确信自己比其他同事更有知识和能力，也不可太张扬，而要尊重其他人的意见。在上司组织的会议上，要对不同的意见持包容的态度，让他人充分地表达意见，不要随意打断或表现出不耐烦。

同事之间还要相互支持和帮助。一个相互支持、相互帮助的集体，才是一个团结、战斗的集体，才是具有凝聚力能让人心情舒畅工作的集体。互帮互助体现在具体的工作、生活中。当某位同事工作遇到困难时，其他同事要给他出主意想办法，为他排忧解难；当某位同事生活遇到困难时，要伸出援助之手，在条件允许的情况下，给他以人力、物力方面的帮助；当某位同事受到挫折时，同事之间要给予诚恳的安慰，要热情地鼓励他，帮助他走出困境。

相关链接

有这样一个故事：一个小男孩因母亲批评他而一时对母亲产生了怨恨。然后，他跑出房屋，走到山边，对山谷喊道："我恨你，我恨你，我恨你。"从山谷里传来回音："我恨你，我恨你，我恨你。"这个小孩有点吃惊，他跑回屋里对他母亲说，山谷里有一个坏小孩说他恨我。母亲把他带回山边，并要他喊："我爱你，我爱你，我爱你。"这位小孩照母亲说的做了，而这次他发现，有一个好小孩在山谷里说："我爱你，我爱你，我爱你。"声音悦耳，听了让人高兴。

人和人交往就像是一种回声，你付出什么就会得到什么。

（五）讲究策略，不怕竞争

同事之间存在着竞争关系。这种竞争关系是一把双刃剑，处理得好，不但可以为自己的升迁之路打下基础，而且还能让自己更快地成长。处理得不好，则可能会陷入人际关系紧张的泥潭之中，使自己四面楚歌。所以，在与同事相处时要讲究策略，不怕竞争。

一是要积极沟通。在平行沟通中，首先要养成和当事人主动沟通的习惯，用直接、真诚并且比较适宜的方式来表达自己的需求、意见等。二是要换位思考。在平行沟通中，站在对方的角度思考问题，充分考虑对方在合作中的得失，找出双方的问题和症结所在。三是多多倾听。通过倾听可以了解对方的关注点、问题和顾虑，从而解决平行沟通信息不对等的问题。美国著名的人际关系学大师卡耐基在沟通学上有一个原则，即先适合别人的需求，进而达到自己的需求。

第四节 下行沟通

下行沟通是企业沟通中最重要的沟通方式之一，也是企业沟通中最主要、最能有效提升工作效率，却也最容易产生无效沟通的环节。

一、下行沟通的障碍

（一）自以为是

领导总觉得自己的想法和决策是正确的，当一个问题自己已经有了一定的想法和见解的时候，就很容易关上自己的心门，不愿意甚至拒绝接受别人的意见。而当听到部属不同的意见和建议的时候，即使口头应承，可内心却根本不当回事，不以为然。

（二）居高临下

许多领导在与下属沟通时，最容易犯的毛病就是高高在上、居高临下。本来上司和下属之间就存在地位、身份上的不对等，有些上司还有意

无意地扩大这种不对等效应，导致下属在上司面前唯唯诺诺，有话不敢讲，影响了上下级之间的顺畅沟通。

（三）缺乏反馈交流

反馈交流是沟通过程中或沟通结束时的一个关键环节。领导者如不注意、不重视或者忽略了反馈和交流，沟通效果便会大打折扣。没有反馈的沟通，就不是双方沟通，就无法达成共识。

（四）不善倾听

倾听是沟通过程中最重要的环节之一，良好的倾听是高效沟通的开始。倾听不仅需要具有真诚的同理心，还应该具备一定的倾听技巧。居高临下，好为人师；自以为是，推己及人；环境干扰，无心倾听；打断对方，变听为说；刨根问底，打探隐私；虚情假意，施舍恩赐，以上种种都是影响倾听的不良习惯，在沟通时要注意避免。

（五）先入为主，先声夺人

许多领导与部属沟通时，容易先入为主，先声夺人。如发表演讲一般滔滔不绝，口若悬河，容不得部属发言。同时，在沟通时对部属本身的能力存有成见，对部属的能力常产生怀疑，部属的好建议通常得不到采纳。

二、下行沟通的策略

（一）重视沟通的双向性

只有当沟通双向时，沟通才更有效，与下级沟通同样是这个道理。作为领导，不论你是下达工作指令或与个别员工谈话，都应该多倾听下级的意见，要学会倾听，不能自以为是。应该懂得一个道理：一个出色的倾听者，往往会有一种强大的感染力，他使下级感到自己被重视，而不至于使其心灰意冷、欲言又止。同时，要积极创造下级向上的沟通渠道，如工会、建议箱、员工洽谈室等。好的建议被采纳后，可实施奖励，让更多的员工参与管理。

（二）宽严相济对待下属

人性化管理是最受下级欢迎的一种管理方式，在进行制度化建设、严格管理的同时，关心人、爱护人，公平、公正地评价下级的工作，充分肯定下级的成绩，将人性化管理与理性化管理的长处进行有机地结合，宽严相济，让下属感受到关怀的同时，也能自觉地遵章守纪，共同塑造良好的组织形象。

（三）宽容大度，有容人雅量

要把一个公司或部门搞好，仅凭个人的努力是远远不够的，还需要把各种各样各有特长的人才聚集在一起，团结他们为了共同的事业目标一起奋斗。人的性格、脾气往往有着较大的差异，作为上司不能求全责备，所以需要有容人的雅量。在与下属沟通时，不可分亲疏远近，也不能因顾及面子而冷落了才智之士奋发向上的心，应五湖四海一碗水端平，一视同仁。一个宽容大度的上司，就应以开阔的心胸容纳别人，原谅别人的过错，与人能弹性相处。

一个好的上司，在宽以待人的同时，还要能严于律己。遇事首先从自己身上找原因，不推卸责任，这样的上司易于博得下属的爱戴和敬重。

（四）营造良好的氛围

下属不同于机器，不是在做机械运动，他们的活动轨迹千变万化：情绪愉快时，即使是脏累繁重的工作也毫无怨言；心情不佳时，哪怕是举手之劳也会斤斤计较。所以，上司要将营造一个良好的工作氛围作为一项持久的工作来重视，努力关心员工，为员工创造良好的工作环境，提供良好的条件，永远不要吝啬自己对员工的关爱。只有当上司将下属"是否开心"放在第一位，员工才会体会到关心和关爱，才会真诚奉献。记住，任何时候下属都希望看到你的微笑。

（五）尊重理解下属

一个管理者要想做好组织内部的人际协调工作，首先必须善于待人。一是要学会尊重下级，尊重他人的人格，尊重他人的意见和建议，这样下属才会有我是团队中真正一员的感受；二是理解下属，当一项工作没有按预定目标完成时，一味地批评收效不会很大，作为管理者要学会换位思考，上下级因为所处的立场不一样，看问题的角度不同，在理解上会产生偏差，不能把责任都推到下属身上；三是要平易近人，这是任何一个管理者都必须具备的品质，如果一个人官不大，架子却很大，就会失去人缘，失去朋友，失去最佳的工作效果。

（六）帮扶下属，对症下药

针对下属工作不力最好的做法是深入调查，找出下属工作不力的原因，从而对症下药，帮助下属优质高效地完成工作任务。

上司先要放下架子，亲近下属，听取意见和呼声，把准思想脉搏，缩短上下级之间的心理距离。在此基础上，帮助下属理顺思路，消除思想包袱。还要帮助下属认识自己工作的重要性，鼓励他积极主动地做好工作。如果下属胆量不大，能力不强，就需要上司不断地创造机会，多培养，多锻炼，挖掘其潜力，鼓舞其信心，不轻言放弃，让下属在实践中提高素质，增强能力和胆识。如果下属聪明、行动的爆发力强，工作不力完全是因为惰性太强、懒散成性造成的，最有效的办法是增加压力，加强督促。对于不合格下属经帮助后仍能力欠缺、素质不行的，只有采取能上能下的办法，请其另谋高就。最好能开诚布公地找下属交流沟通，并向你的上级汇报沟通。

项目练习　会议沟通

无论何种性质的会议，目的都是要通过信息交流和研讨，达成共识，解决问题，得出结论。

一、会议前的准备工作

会议前要安排好会议的议题、议程、与会者名单以及会议的现场布置等内容，否则将难以保证取得会议沟通的预期目标。具体工作有以下几步。

（一）制订议程安排

（1）充分考虑会议的进程，写出条款式的议程安排。

（2）确定会议的召开时间和结束时间并和相关部门做好协调。

（3）整理相关议题，并根据其重要程度排出讨论顺序。

（4）把议程安排提前交到与会者手中。

（二）挑选与会者

（1）要以少而精为原则。

（2）信息型会议要通知所有需要了解该信息的人都参加。

（3）决策型会议要邀请能解决问题，且有一定影响力的权威人士以及对决策者能做出承诺的人。

（4）应对某些未在会议邀请之列的相关人士说明原因。

（三）会议室的布置

（1）要以适宜沟通为原则。

（2）首选方便且实用的会议室，一般选用酒店、会展中心的专用会议室等。

（3）选择会议室要为与会者的身体舒适需要考虑，如温度、采光、规模、通风等因素。

（4）桌椅排列要根据会议沟通需要选择，或课堂型或圆桌型。

二、有效主持会议

会议的主持人在约定的会议开始时间里，要尽快使会议进入正题，其方式有两种：一种是比较正式的会议，可以由主持人或其他重要人物的正式讲话开始；另一种是非正式的，可由主持人用一个与会议主题有关且与会场气氛融洽的故事或幽默笑话引入正题。会议是多人进行交际沟通的场合，在主持人的把握下，能使会议一开始就出现一种良好的或适宜的会议氛围，对会议目标的实现很有帮助。

主持会议的具体技巧有以下几点。

（一）营造"会议群体感"

从心理上让与会者对会议有一种认同感，这就需要主持人想方设法使与会者产生一种会议群体的强烈归属感。"会议群体感"对于调动与会者的积极性，承担其职责，增强会议内聚力，实现会议目标很有必要。要营造"会议群体感"，主持人可以在会议间隙到与会人员中间去，与他们交流，在会议中把这次会议定义为"我们的会议"，避免使用"你们"等人称称呼会议成员。当然，会议的主办方可以使用会议标志（如会议代表证、会标等），以营造"会议群体感"。

（二）充分利用与会者的经验和专长

每一个与会者都有自己特殊的学识文化、阅历和经验，主持人应尽力调动这些潜在因素的功能，让与会者发挥自己的特长，提出有建设性的意见。主持人可以创造机会，调动大家的发言热情，也可以以留言等形式，书面留下大家的意见。当然，主持人在会前应作一些了解，除了了解与会者的各种特长外，还应了解与会者参会的目的，并对不同的目的加以分组和归类。这样就能让与会者对会议组织者满意，更能畅所欲言。

（三）宽容对待与会者的错误

会议成员有时会有不适当的言谈举止，对此，主持人不宜采取激烈的批评态度，而应尽量宽容，随着会议的进行，相信他们会有所修正和改进。不适当的批评会破坏会议的气氛，使整个会议中的人们感到紧张，从而影响会议的效果。当然，对蓄意破坏会议者必须给予还击。

三、散会后的善后工作

会议结束后，并非会散人散就完成任务了，还应做好会议后的一系列工作，如寄送会议决议、通讯录、照片；电话致谢应邀出席会议的重要人物；跟踪大家同意进行的行动；向重要人物汇报会后成果，等等。人们往往因为工作忙而在散会后忽略会议布置的工作，所以不能轻视会议后的联络工作。

第四章 情绪的管控

第一节 情绪的概述
第二节 情绪管理能力
第三节 情绪的管控
项目训练 解说

本章导读

人类在认知和改造世界的过程中，伴随着认知过程的变化，既形成了不同的态度，也产生了相应的情绪。情绪是人类日常生活中常见且能亲身体验的一种心理活动，是在个体受到某种刺激后所产生的一种身心激动状态，是对客观事物的主观体验。由此可见，情绪不是客观事物本身，只有那些能够与个体需要相联系的客观事物才能够引起情绪体验。

第一节　情绪的概述

一、情绪的定义

情绪有多种定义，尽管它们各不相同，但都承认情绪包含以下四个方面：

（1）情绪涉及身体的变化，这些变化是情绪的表达形式。
（2）情绪是行动的准备阶段，这可能跟实际行为相联系。
（3）情绪涉及有意识的体验。
（4）情绪包含了认知的成分，涉及对外界事物的评价。

由此可见，情绪是人类日常生活中常见且能亲身体验的一种心理活动，是在个体受到某种刺激后所产生的一种身心激动状态，是对客观事物的主观体验。情绪不是客观事物本身，只有那些能够与个体需要相联系的客观事物才能够引起情绪体验。我们无法直接观测他人内心的感受，但是我们能够通过其外显的行为或生理变化来进行推断。意识状态是情绪体验的必要条件。

知识链接

情绪和情感的区别

我们一直将情绪和情感作为一个统一的心理过程来讨论，但从产生的基础和特征表现上来看，二者是有所区别的。

首先，情绪出现较早，多与人的生理性需要相联系；情感出现较晚，多与人的社会性需要相联系。婴儿一生下来，就有哭、笑等情绪表现，而且多与食物、水、温暖、困倦等生理性需要相关；情感是从幼儿时期，随着心智的成熟和社会认知的发展而产生的，多与求知、交往、艺术陶冶、人生追求等社会性需要有关。因此，情绪是人和动物共有的，但只有人才会有情感。

其次，情绪具有情境性和暂时性；情感则具有深刻性和稳定性。情绪常由身旁的人或事物所引起，常随着场合的改变和人、事的转换而变化。所以，有的人情绪表现常会喜怒无常，很难持久。情感可以说是在多次情绪体验的基础上形成的稳定的态度体验，如对一个人的爱和尊敬，可能是一生不变的。因为如此，情感特征常被作为人的个性和道德品质评价的重要方面。

最后，情绪具有冲动性和明显的外部表现；情感则比较内隐。人在情绪左右下常常不能自控，高兴时手舞足蹈，郁闷时垂头丧气，愤怒时又暴跳如雷。情感更多的是内心的体验，深沉而且久远，不轻易流露出来。

情绪和情感的联系

情绪和情感虽然不尽相同，但却是不可分割的。因此，人们时常把情绪和情感通用。一般来说，情感是在多次情绪体验的基础上形成的，并通过情绪表现出来；反过来，情绪的表现和变化又受已形成的情感的制约。当人们干一件工作的时候，总是体验到轻松、愉快，时间长了，就会爱上这一行；反过来，在他们对工作建立起深厚的感情之后，会因工作的出色完成而欣喜，也会因为工作中的疏漏而伤心。由此可以说，情绪是情感的基础和外部表现，情感是情绪的深化和本质内容。

二、情绪的三要素

情绪的三要素包括情绪体验、情绪表现以及情绪生理。

因为情绪具有独特的主观体验和外部表现,他们与生理基础一起就被看作是情绪的三要素,对情绪管理非常重要。

(一)情绪体验

情绪具有独特的主观体验色彩,即喜、怒、悲、惧等。各种具体情绪的主观体验色调都不相同,他们给人以不同的感受。

由于每个人的知识、经验、需要、追求的目标、认知评价等各方面的差异,同一环境对不同的人则意味着不同的情境,因而产生的情绪也可能不同。

特定的情绪体验的感受色调,既没有个体、民族的差异,也没有性别、年龄的差异,情绪体验的不变性是使情绪在人际间产生共鸣的保证。

(二)情绪表现

情绪具有独特的外部表现形式,即表情。表情是表达情绪状态的身体各部分的动作变化模式,表情动作是一种独具特色的情绪语言,它以有形的方式体现出情绪的主观体验,成为人际间感情交流和相互理解的工具之一。

情绪包括面部表情、体态表情和声调表情。

（三）情绪生理

情绪产生时必然伴随着明显的生理变化，中枢神经系统对情绪起着调节和整合的作用。大脑皮层对有关感觉信息的识别和评价在引起情绪以及随后的行为反应中起着重要的作用；网状结构的激活是产生情绪的必要调节；边缘系统参与情绪体验的产生；内分泌系统与自主神经系统之间的联系直接参与情绪反应。

中枢各部位的功能既是定位的，又兼受皮层的整合。由此看来，每一次情绪的发生，都是包括中枢神经系统各级水平、躯体神经系统、内分泌系统的整合活动的结果。

三、情绪的分类

关于情绪的分类，长期以来说法不一。

情绪的纷繁多样使它的分类成为一个复杂而困难的问题。尽管如此，古今中外的学者从不同角度，依不同根据，对情绪、情感的分类进行了许多有益的尝试。

（一）我国传统的情绪分类

据我国古代名著《礼记》记载，人的情绪有"七情"分法，即喜、怒、哀、惧、爱、恶、欲；《白虎通》记载，情绪可分为"六情"，即喜、怒、哀、乐、爱、恶；近代的研究中，常把快乐、愤怒、悲哀、恐惧列为情绪的基本形式。

我国心理学家林传鼎于1944年从《说文解字》9353个正篆中，发现其中有354个字是描述人的情绪表现的，按释义可分为十八类，即安静、喜悦、愤怒、哀冷、悲痛、忧愁、愤急、烦闷、恐惧、惊骇、恭敬、抚爱、憎恶、贪欲、嫉妒、傲慢、惭愧、耻辱。

（二）克雷奇的情绪分类

美国心理学家克雷奇（Krech）、克拉奇菲尔德（Crutch-field）和利维森（Livson）等把情绪分作以下四类。

1. 原始情绪

将快乐、愤怒、恐惧、悲哀视为最基本的或原始的情绪。

2. 与感觉刺激有关的情绪

包括疼痛、厌恶和轻快。这类情绪可以是愉快的，也可以是不愉快的。

3. 与自我评价有关的情绪

包括成功的与失败的情绪、骄傲与羞耻、内疚与悔恨等，这些情绪决定于一个人对自身行为与客观行为标准的关系的知觉。

4. 与他人有关的情绪

发生在人与人之间的情绪种类似乎无限繁多，按照积极的与消极的维度，可以简单把它们分为爱和恨两个大类。

（三）伊扎德的情绪分类

近年来，西方情绪心理学中的一派倾向于把情绪分为基本情绪与复合情绪。伊扎德确定基本情绪的标准为：基本情绪是先天预成、不学而能的，并具有分别独立的外显表情、内部体验、生理神经机制和不同的适应功能。按照这个标准，伊扎德用因素分析的方法，提出人类具有八到十一种基本情绪，它们是兴趣、惊奇、痛苦、厌恶、愉快、愤怒、恐惧和悲伤以及害羞、轻蔑和自罪感。另外，人类还有在基本情绪基础上演化而生的复合情绪。基本情绪与复合情绪分类如表 4-1、4-2 所示。

表 4-1　**人的基本情绪**

基本情绪		身体驱力	感情—认知结构倾向
兴趣	厌恶	饥饿	内、外倾
愉快	轻蔑	干渴	自谦
惊奇	恐惧	疲劳	活跃
痛苦	羞涩	疼痛	沉静
愤怒	内疚	性	多疑

表 4-2　**人的复合情绪**

基本情绪结合	情绪—驱力结合	情绪—认知结构复合
兴趣—愉快	兴趣—性驱力	自卑—痛苦
痛苦—愤怒	疼痛—恐惧	觉静—害羞

续表4-2

基本情绪结合	情绪—驱力结合	情绪—认知结构复合
恐惧—害羞	疲劳—厌烦	多疑—恐惧—内疚
轻蔑—厌恶—愤怒	性驱力—兴趣—享乐	活力—兴趣—愤怒
恐惧—内疚—痛苦—愤怒	疼痛—恐惧—愤怒	

伊扎德把复合情绪分为三类,一类是在基本情绪基础上,两三种基本情绪的混合;二类为基本情绪与内驱力身体感觉的混合;三类为感情—认知结构(特质)与基本情绪的混合。依此分类,复合情绪则会有上百种之多。表4-2是伊扎德关于复合情绪的举例。

上例复合情绪有些是可以命名的。例如,愤怒—厌恶—轻蔑的复合可命名为敌意。愤怒是一种"热"情绪,轻蔑和厌恶均为"冷"情绪,它们的结合决定着敌意情绪中攻击性的程度。又如恐惧—内疚—痛苦—愤怒几种情绪的复合是典型的焦虑,其组成中愤怒和痛苦两种成分的相对强弱决定着焦虑是兴奋类型或抑制类型。但是即使在上表的举例中所列出的复合模式,也难以一一命名。

四、情绪的作用

情绪与情感伴随着人的一生,有时甚至决定一个人的生活质量和生命质量。正是情绪向我们倾诉着我们的快乐和不快乐、愉快和不愉快、开心和不开心、幸福和不幸福,因而我们应了解情绪,顺应情绪,必要时还需要掌控情绪并引导情绪。

概括而言,情绪具有以下几个主要作用。

(一)生存的工具

情绪是婴儿在掌握语言之前适应生存的重要心理工具,婴儿正是通过情绪与成人交往、表达自己的各种需要和要求。他们饿时、渴时就哭,吃饱了、舒服了就会笑。在日常生活中人们用微笑向对方示好,通过移情和同情来维护人际关系,情绪起着促进社会亲和力的作用。而恐惧情绪则使人回避危险,保证自身安全。可见,情绪可以使我们更好地适应环境。

（二）监测的系统

情绪是人脑中的一个监测系统，对人的其他心理活动具有重要影响。这种影响体现为促进和瓦解两方面。一般来说，积极情绪对活动起协调、组织的作用。消极情绪则起破坏、瓦解或阻断的作用。人们的行为常被当时的情绪所支持。当人处在积极乐观的情绪状态，则倾向于注意事物美好的一面，对人态度和善，乐于助人，并勇于承担重任；而消极情绪状态则使人产生悲观意识，失去希望与追求，更易产生攻击性行为。

（三）交流的手段

人类在没有获得语言之前，正是通过情绪信息的传递来协调彼此之间的关系求得生存的。情绪是一种独特的非语言沟通，它通过面部肌肉的运动、身体姿态、声调的变化来实现信息的传递。它所携带的信息是对语言交际的重要补充。在许多情境中，表情能消除语言交流中的不确定性，成为人的态度、感受的最好注解，而有时有些不便"言传"的场合，人们可以通过情绪而"意会"，可见情绪传递信息的重要性。

（四）行为的力量

情绪的动机作用不仅体现为对生理需要的放大，而且它在人类高级的目的行为和意志行为中也产生着重要影响。兴趣、好奇会促使人们去探索复杂的现象，即使屡遭失败也能顽强坚持，希望能够成功。

相关链接

计算你的情绪生活时间

请拿出一张纸，来具体计算一下，你的情绪生活是宁静而悠闲、紧张而烦躁、焦虑而忧烦还是狂躁而愤怒？

(1) 你有多少清醒的时间？

(2) 在你清醒的时间里，你有哪些情绪状态？

(3) 在你清醒的这段时间里，你有多少快乐或不快乐的时间？

(4) 在你感到快乐的时间段中，主要是由于什么事情使你感到快乐或不快乐？

或许，你能够意识到情绪生活原来就是你主要的心理生活，情绪就代表了你的整个人生历程。如果你能够认真地回答上述问题，你将会对情绪情感及其对人生的作用有更深入的理解。必要时，你可以请自己的朋友、亲人、同学一起进行计算并分析你的情绪。计算情绪生活的目的不在于计算本身，而在于通过计算来提高你对情绪情感的自我意识，为你提高情绪生活质量奠定良好的理智基础。

第二节 情绪管理能力

情绪管理，就是用对的方法和正确的方式，探索自己的情绪，理解自己的情绪，然后进行调节，从而达到放松自己情绪的目的。

简单地说，情绪管理是对个体和群体的情绪感知、控制以及调节的过程，其核心必须将人本原理作为最重要的管理原理，使人性、人的情绪得到充分发展，使人的价值得到充分体现。情绪管理是从尊重人、依靠人、发展人、完善人出发，提高对情绪的自觉意识，控制情绪低潮，保持乐观心态，不断进行自我激励和自我完善。

情绪的管理不是要去除或压制情绪，而是在觉察情绪后，调整情绪的表达方式。有心理学家认为情绪调节是个体管理和改变自己或他人情绪的过程。在这个过程中，通过一定的策略和机制，使情绪在生理活动、主观体验、表情行为等方面发生一定的变化。这样说，情绪固然有正面有负面，但真正的关键不在于情绪本身，而是情绪的表达方式。以适当的方式在适当的情境表达适当的情绪，就是健康的情绪管理之道。

那么，一个人的情绪管理能力具体体现在哪些方面呢？

一、情绪的自我觉察能力

情绪的自我觉察能力是指了解自己内心的一些想法和心理倾向，以及自己所具有的直觉能力。自我觉察，即当自己某种情绪刚一出现时便能够察觉，它是情绪智力的核心能力。简单一点说，就是时时提醒自己注意：我现在的情绪是什么？一个人所具备的能够监控自己的情绪以及对经常变化的情绪状态的直觉，是自我理解和心理领悟力的基础。如果一个人不具有这种对情绪的自我觉察能力，或者说不认识自己的真实的情绪感受的话，就容易听凭自己的情绪任意摆布，以至于做出许多遗憾的事情来。伟大的哲学家苏格拉底的一句"认识你自己"，便道出了情绪智力的核心与实质。但是，在实际生活中，我们发现，人们在处理自己的情绪与行为时表现各异。

二、情绪的自我激励能力

情绪的自我激励能力是引导或推动自己去达到预定目的的情绪倾向的能力，也就是一种自我指导能力。它是要求一个人为服从自己的某种目标而产生、调动与指挥自己情绪的能力。一个人做任何事情要成功的话，就要集中注意力，就要学会自我激励、自我把握，尽力发挥出自己的创造潜力，这就需要具备对情绪的自我调节与控制，能够对自己的需要延迟满足，能够压抑自己的某种情绪冲动。

三、情绪的自我调控能力

情绪的自我调控能力是指控制自己的情绪活动以及抑制情绪冲动的能力。情绪的调控能力建立在对情绪状态的自我觉知的基础上，是指一个人如何有效地摆脱焦虑、沮丧、激动、愤怒或烦恼等因为失败或不顺利而产生的消极情绪的能力。这种能力的高低，会影响一个人的工作、学习与生活。当情绪的自我调控能力低下时，就会使自己总是处于痛苦的情绪旋涡中；反之，则可以从情感的挫折或失败中迅速调整、控制、摆脱并且重整旗鼓。

四、对他人情绪的识别能力

这种觉察他人情绪的能力就是所谓同理心，即能设身处地，站在别人的立场为别人设想。具有同理心的人，更容易进入他人的内心世界，也更能觉察他人的情感状态。

五、处理人际关系的协调能力

处理人际关系的协调能力是指善于调节与控制他人情绪反应，并能够使他人产生自己所期待的反应的能力。一般来说，能否处理好人际关系是一个人是否被接纳与是否受欢迎的基础。在处理人际关系过程中，重要的是能否正确向他人展示自己的情绪情感，因为，一个人的情绪表现会对接受者即刻产生影响。如果你发出的情绪信息能够感染或影响对方，那么，人际交往就会顺利进行并且深入发展。

> **相关链接**

减压计划练习

按照下面的减压计划与练习进行锻炼，可以从"1"开始，逐步到"8"，也可以从中选择几个适合自己特点的选项，有针对性地进行练习，坚持下去，必有收获。

（1）学会聆听，通过交往和人际互动减压。

（2）感谢你的家人、同学、同事、上级和下属，在感恩中减压。

（3）适当摆脱被动地被时间控制的情况，加强时间管理，在自控中减压。

（4）集中精力完成某项工作，速战速决，在效率和成就中减压。

（5）学会娱乐，降低紧迫感，在休闲中减压。

（6）减少"工作第一"倾向，在业余活动中减压。

（7）设立恰当的发展目标和期限，在实现目标过程中减压。

（8）避免"理想化"倾向，在现实生活中减压。

（9）学会适当的"发泄"方式，在宣泄中减压。

（10）学会说"不"，留给自己宽裕的灵活时间，在"有闲"中减压。

（11）避免工作太长时间而不休息的行为。

（12）减少你第一个到达和最后一个离开单位的次数，在协调工作与休闲中减压。

（13）持续地享受你所有的假期，在休假中减压。

（14）有规律地参加体育锻炼，在丰富多彩的肢体运动中减压。

（15）学习和使用放松方式，练习冥想、气功、太极拳或瑜伽，在放松中减压。

（16）不要期待全部地改变你的 A 型行为趋势，在自我完善过程中减压。

第三节　情绪的管控

一、艾利斯情绪管理 ABC 理论

情绪 ABC 理论是由美国心理学家艾利斯创建的。就是认为激发事件 A（Activating Event 的第一个英文字母）只是引发情绪和行为后果 C（Consequence 的第一个英文字母）的间接原因，而引起 C 的直接原因则是个体对激发事件 A 的认知和评价而产生的信念 B（Belief 的第一个英文字母）。即人的消极情绪和行为障碍结果 C 不是由于某一激发事件 A 直接引发的，而是由于经受这一事件的个体对它不正确的认知和评价所产生的错误信念 B 所直接引起。如下图：

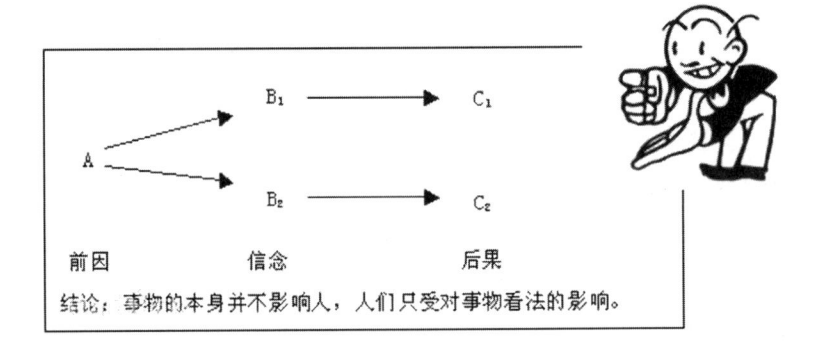

```
           B₁ ———→ C₁
       ↗
   A
       ↘
           B₂ ———→ C₂

   前因      信念         后果
```
结论：事物的本身并不影响人，人们只受对事物看法的影响。

示　例

古时候，有两个秀才一起去赶考，路上他们遇到了一只出殡的队伍。看到那一口黑乎乎的棺材，其中一个秀才心里立即咯噔一下，凉了半截。心想："完了，真倒霉，赶考的日子居然遇到棺材！"情绪一落千丈。进考场后，那个黑乎乎的棺材一直挥之不去，文思顿时枯竭，最终名落孙山。

另一个秀才也同时看到了，一开始心里也咯噔一下，但转念一想：

"棺材，棺材，不就是既有官，又有财吗？好兆头！看来我今天会交好运了。"心里十分兴奋，到考场上后，文思如泉涌，果然一举考中。回到家里后，两个秀才都对家里人说：那棺材真的好灵！

心理学理论认为：对刺激情境的认知决定情绪和情感的性质。也就是说，一个人产生什么样的情绪，取决于对当前事情怎么去理解或解释。同样是看到棺材，第一个秀才从棺材联想到死亡；而第二个秀才从棺材联想到升官发财。毫无疑问，第一个秀才是消极心态，结果名落孙山；第二个秀才是积极心态，结果高中。一个人的成功需要有积极的心态。

由此可见，诱发性事件 A 只是引起情绪及行为反应的间接原因，而人们对诱发性事件所持的信念、看法、理解 B 才是引起人的情绪及行为反应的最直接的原因。人们的情绪及行为反应与人们对事物的想法、看法有关。合理的信念会引起人们对事物的适当的、适度的情绪反应；而不合理的信念则相反，会导致不适当的情绪和行为反应。当人们坚持某些不合理的信念，长期处于不良的情绪状态之中时，最终将会导致情绪障碍的产生。

二、情绪调控的方法

由于当今社会以及生活的种种压力，情绪低落已经成为一种很普遍的问题。其实情绪与压力是可能通过某种方式来控制的，适当的方法能把问题的影响减至最低。

（一）选择好情绪

每个人选择什么样的情绪生活，主动权把握在自己手中。如果选择积极向上的情绪生活，那么你就掌握了人生的主动权，你就能更多地感受到人生中积极而美好的那一面；而如果你选择了消极悲观的情绪生活，你就可能处处受到来自消极情绪的困扰，可能会更多地感受到人生中消极而灰暗的那一面。

有这样一个故事：

一天，一位道士下山时听到山脚下一个老太太悲痛的哭声，不由得走上前去询问缘由。老太太告诉他："我有两个女儿，大女儿嫁给了晒盐的，

二女儿嫁给了卖伞的。每到晴天时，我就担心二女儿卖伞的生意惨淡，而到了雨天，我又担心大女儿晒的盐，哭大女儿命惨。"道士听完老太太的倾诉后告诉她："您何不在晴天时，就想大女儿能晒好多盐；而到雨天时，就想二女儿要赚钱了。"老太太按照道士教的方法去做，果然有效，从此每天都乐呵呵的。

　　故事中的这个老太太，在道士劝说她之前，一直是以消极情绪为主导，只想到自己女儿生活的消极方面，而忽视了其生意、生活的积极方面，因此她感到痛苦不堪，每天都想哭。道士教给她的方法，本质上是让她主动选择积极情绪，放弃消极情绪。当她选择了积极情绪时，内心就会充满阳光，坏心情云消雾散，内心亮堂了，心情就会随之好转。

相关链接

情绪选择测试

　　传说某国王审判犯人的方式是在竞技场内一扇门关老虎、一扇门关美女，一切交给上帝决定。国王认为如果犯人无罪，犯人会幸运地选到美女，选到美女的人可以带着美女远走高飞过幸福的日子；选到老虎的人就会被老虎咬死。这个国王有个美丽的女儿，她爱上一位平民青年，国家规定平民与王室成员相恋是有罪的。当国王发现了女儿的恋情后非常愤怒，他把这个青年抓到竞技场。青年面对着同样的惩罚方式，故而无论他选择哪扇门都不可能再与公主在一起了。这天，人们涌进竞技场观看，国王和公主也在场，公主事前已经知道哪一扇门后面是老虎，哪一扇门后面是美女。她焦急地坐在看台上，青年望了她一眼，他想公主一定知道两扇门后面的结果，他渴望公主给他指出一条活路。公主的内心痛苦地挣扎着：一扇门的后面是宫中最美丽的女仆，她无法接受他与美女远走高飞，快乐地生活；同时她也不愿看到心爱的人被老虎活活地吃掉。

　　她想了很久，终于微微把头扭向了一边的门，青年于是慢慢走向了那扇门，所有人都屏住呼吸等待门打开的那一刹那。而公主此时却缓缓地走出了竞技场……

　　故事结束了，请您回答下面这个问题。

如果你是公主，你会为青年指向哪扇门？门后面是美女还是老虎？

请您选择：□美女 □老虎

如果你选择了"美女"，你就主动地选择了事件的积极方面，表明你倾向于选择事物的积极面，你具有选择积极情绪的潜在能力。只要你不断努力，在日常生活中坚持自己的积极选择，你能够成为一个积极向上、乐观进取、充满乐观情绪的人。

如果你选择了老虎，你就主动地选择了事件的消极方面，表明你倾向于选择事物的消极方面，你通常习惯于做出类似的选择。不过，只要你愿意进行调整，在日常生活中尝试、学习选择事物的积极方面，你将能够逐步地转变成为一个具有积极选择倾向的人。因为，自主选择积极情绪是可以学习的，每个人都具备巨大的学习潜力。这里，我们强调，关键在于你确定了要选择积极情绪或好心情的意愿、你愿意学习和掌握选择积极情绪的方法。

（二）自我暗示

所谓自我暗示是一个人通过语言、形象或想象等方式对自身施加影响的心理过程，暗示的结果使个人的心境、情绪、兴趣、意志等心理状态甚至生理状态发生了某种程度的改变。自我暗示分消极自我暗示与积极自我暗示。积极自我暗示会在不知不觉中对自己的意志、心理以至生理状态产生影响，积极的自我暗示令我们保持好的心情、乐观的情绪、自信心，从而调动人的内在因素，发挥主观能动性。心理学上所讲的"皮格马利翁效应"也称期望效应，就是讲的积极自我暗示。而消极自我暗示会强化我们个性中的弱点，唤醒我们潜藏在心灵深处的自卑、怯懦、嫉妒等，从而影响情绪。

自我暗示有以下几个特点：

(1) 自我施加的心理，不受外部或他人施加的影响。

(2) 自我下意识的心理状态，不受意识的支配和控制。

(3) 心理暗示本质上是一种"内部语言提示"。

相关链接

激发好心情的自我暗示方法

第一,每天想一句赞美自己优点的话,并把这些赞美语句打印出来,每天阅读和强化。

第二,每天做一件美饰自身的事情。例如,穿一件自己喜欢的衣服,使用一种自己喜欢的化妆用品或有意地自我打扮一番,并不断告诉自己:"今天我真漂亮(真帅气)!"

第三,每天与家人、朋友联系一次,并请家人和朋友给自己以积极的心理反馈,进而有意识地强化自己积极的自我暗示。

第四,每天做一件最适合自己的有益的事情,尽量把事情做成功,通过此种方法对自己进行积极的心理暗示。

(三)适度宣泄法

过分压抑只会使情绪困扰加重,而适度宣泄则可以把不良情绪释放出来,从而使紧张情绪得以缓解。因此,遇有不良情绪时,最简单的办法就是"宣泄"。宣泄一般是在私下,在知心朋友中间进行,如向至亲好友倾诉自己认为的不平和委屈等,一旦发泄完毕,心情也就随之平静下来;或是通过体育运动、劳动等方式来尽情发泄。必须指出,采取宣泄法来调节自己的不良情绪,必须增强自制力,不要随便发泄不满或者不愉快的情绪,要采取正确的方式,选择适当的场合和对象,以免引发不良后果。

(四)注意力转移法

注意力转移法,就是把注意力从引起不良情绪反应的刺激情境,转移到其他事物上去或从事其他活动的自我调节方法。当出现情绪不佳的情况时,要把注意力转移到自己感兴趣的事上去,如外出散步、看电影、看电视、读书、打球、下棋、找朋友聊天、换环境等。这些办法有助于使情绪平静下来,在活动中寻找到新的快乐。这种方法一方面中止了不良刺激源的作用,防止不良情绪的泛化、蔓延;另一方面,通过参与新的活动特别是自己感兴趣的活动，可以达到增进积极的情绪体验的目的。

（五）学会舍弃

放弃是一种勇气，舍得是一种智慧。但放弃之后，我们将走向何处却值得深思。但放弃绝不是对自己的背叛，放弃自私，放弃虚伪，就会变得高尚，你生活的天空将晴空万里。放弃一段不切实际的感情，你就会变得踏实，如释重负，轻轻爽爽。

放弃，不是怯懦，不是自卑，也不是自暴自弃，更不是陷入绝境时渴望得到的一种解脱，而是在深思熟虑基础上主动做出的一种选择。从这个角度说，放弃也是承担。

学会放弃是获得好心情的重要方式，许多人由于难以舍弃，不愿放弃而心生烦恼，使其难以获得好心情。其实，生活本身是复杂的，维持好心情需要明白在关键时刻应该紧紧抓住什么，在何时又该如何放弃。生活既让我们依赖它的许多赐予，又限定了我们依赖的程度。

放弃，需要理智和远见；放弃，还意味着我们和一些我们想要的东西永远错过；放弃，有时使我们难以割舍；放弃钻营逐利和沽名钓誉，你将布衣终生；放弃金钱职位，你再没有了特殊和享乐的机会；放弃社交和朋友，你要承受孤独和寂寞；放弃失败的恋爱婚姻，你要独自飘零单飞。放弃，尤其需要调动自己的智能和勇气，进行周密无悔的判断，下定一往无前的决心，然后破釜沉舟，果敢行事。

生活，要求我们学会争取，也要求我们学会放弃。如果你感到太苦太累太烦太忙；如果你有太多的心事和苦恼；如果你失去了表现真我的机会；如果你没有得到真爱真情；如果你的生活被众多的迷雾遮住了眼，请尝试放弃一些包袱和拖累，你的好心情自然会回到你的身边。

示　例

曾有人做过实验，将一只最凶猛的鲨鱼和一群热带鱼放在同一个池子里，中间用强化玻璃隔开。最初，鲨鱼每天不断冲撞那块玻璃，然而这只是徒劳无功的行为，它始终不能游到对面去，而实验人员每天都放一些别的鱼在池子里，所以鲨鱼并不缺少食物，只是它仍想到对面去，每天不断

冲撞那块玻璃，它尝试了每个角落，每次都用尽全力，但每次都弄得伤痕累累。持续了好些日子，每当玻璃一出现裂痕，实验人员马上加上一块更厚的玻璃。后来，鲨鱼不再冲撞那块玻璃了，对那些斑斓的热带鱼也不再在意了，好像它们只是墙上会动的壁画，它开始等着每天饲养员固定抛给它的鱼，然后用它敏捷的本能进行狩猎，好像恢复了海中不可一世的凶狠霸气。但这一切只不过是假象罢了，实验到了最后的阶段，实验人员将玻璃取走，但鲨鱼却没有反应，每天仍是在固定的区域游着。它不但对那些热带鱼视若无睹，甚至于当那些投放的鱼逃到那边去，它也会立刻放弃追逐，不愿再过去。实验结束了，实验人员讥笑它是海里最懦弱的鱼。

（六）自我安慰法

当一个人遇到不幸或挫折时，为了避免精神上的痛苦和不安，可以找出一种合乎内心需要的理由来说明或辩解。如为失败找一个冠冕堂皇的理由，用以安慰自己，或寻找理由强调自己所有的东西都是好的，以此冲淡内心的不安与痛苦。这种方法，对于帮助人们在大的挫折面前接受现实，保护自己，避免精神崩溃是很有益处的。因此，当人们遇到情绪问题时，经常用"胜败乃兵家常事""塞翁失马，焉知非福""坏事变好事"等俗语来进行自我安慰。自我安慰可以摆脱烦恼，缓解矛盾冲突，消除焦虑、抑郁和失望，自我激励，总结经验，吸取教训，有助于保持情绪的安宁和稳定。

相关链接

小测试：你是否拥有好心情

（1）半夜里你听到有人敲门，这时你会产生不祥的预感吗？
（2）你会随身带着别针以防衣服被撕开吗？
（3）你跟人打过赌吗？
（4）你曾做过中大奖或继承一大笔遗产的梦吗？
（5）出门的时候，你经常带着一把伞吗？
（6）你会把收入的大部分用来买保险吗？
（7）外出度假时把家门钥匙托朋友或邻居保管，但你会将贵重物品事先锁起来吗？

（8）你认为大部分的人都很诚实吗？

（9）不预订好旅馆就不会外出度假吗？

（10）对于新的计划，你总是非常热衷吗？

（11）当朋友表示一定会奉还时，你会答应借钱给他吗？

（12）大家计划好了去野餐，准备出发时如果下雨了，你仍会按原计划继续进行吗？

（13）在一般情况下，你信任他人吗？

（14）如果有重要约会，你会提前出门，以防堵车、抛锚等情况的发生吗？

（15）如果医生叫你做一次身体检查，你会怀疑自己可能生病了吗？

1. 评分方法

以上题目，回答是，计 0 分；回答否，计 1 分。15 道题的总分相加，算出自己的总分。

2. 好心情或坏心情评价

分数为 0—5 分：你可能是一个标准的坏心情者，总是看到人生不好的那一面。以消极心态面对人生有太多的不利，随时会担心失败，因此宁愿不去尝试新的事物；尤其是当遇到困难时，心情不好时会让你觉得人生更灰暗，更无法接受。解决这种状况的唯一办法是，以积极态度面对每一件事或每一个人，以战胜消极心态对你的影响。

分数为 6—10 分：你的心情状态比较正常。不过，你仍然可以以更积极的心态来应对人生中无法避免的起伏。

分数为 11—15 分：表明你经常有好心情。你看人生总能看到好的一面，将失望和困难摆在旁边。不过，过分的好心情有时也会导致盲目乐观，反而误事或错失一些好机会。

项目训练　解说

解说是一种解释说明事物、事理的表述法，是一种使用广泛、实用性很强的口头表达方式。它往往用言简意赅的文字把事物的形状、性质、特征、成因、关系、功能等解说清楚。

一、解说的基本要求

解说的实用性主要体现在它的知识性、通俗性与生动性。只有让解说的内容被人们容易接受并且乐于接受，才能使它在日常生活与职业活动中发挥积极的作用。在解说时要努力做到以下五点。

（一）通俗易懂

由于解说具有口头性、即时性的特点，为了使人一听就懂，解说的语言必须通俗、浅显，不可故作高深，不可咬文嚼字。要尽可能少用专门术语，即使必须要用，也应对术语作浅显的解释，尽量使语言大众化、口语化。

（二）简明扼要

解说时要用简洁的语言明确说明事物的中心与要点，切忌枝枝蔓蔓，不得要领。尤其是民航服务工作者，一天要接待成百上千名顾客，工作环境也相对嘈杂，因而言简意赅、突出重点地从容解说，是一项重要的基本功。

（三）抓住特征

抓住事物的特征，就是抓住这一事物所独具的最本质、最主要的属性，也就是抓住它与其他事物的主要区别点。

常用的解说形式有：

WHAT型解说：这种解说旨在告诉听众一个名称或一个概念是什么，回答一个东西是什么（WHAT）。

HOW/WHY型解说：这种解说则是为了向听众展示一个过程的起因、经过，以及事情发生、发展的原因，回答了一件事情怎样发生（HOW）以及为什么会发生（WHY）。

（四）有条有理

解说是否清楚还反映在内容安排的条理性、逻辑性上。解说时，要有条不紊，要由浅入深，要由已知向未知，这样有助于听者充分认识事物，明白事理。

（五）生动形象

解说不仅要简明、通俗，而且要力求生动、形象，以激发听者的兴趣，求得他们的认同，这对从事推销、服务、导游之类工作的人尤为重要。由于解说者的学识、个性、修养等的不同，解说的语言也会形成不同的风格。有的鲜明流畅，有的幽默诙谐，有的绘声绘色。听者在获得知识的同时，也得到了美的享受。

二、解说的方法

（一）比较法

比较法就是通过对比两种或两种以上同类的事物辨别其异同或高下的方法。

（二）概述法

概述法就是简明扼要地讲解事物，如介绍产品或游览项目等。

（三）描述法

描述法就是引用形象和富有文采的语言对介绍的事物进行描绘的方法。

示 例

中国是世界著名的礼仪之邦，五千年的灿烂文明铸就了历史悠久的礼仪文化。孔子曾经说过：质胜文则野，文胜质则史。文质彬彬，然后君子。可见，礼仪文明是道德修养的第一课。

看，我校礼仪队的同学们身着得体的服装，自信大方，带着春风般温暖的微笑向你们走来。

走是动态美。人们常把那正确而又富有魅力的走姿视为一首美丽动人的抒情诗。走姿是最引人注目的身体语言，也最能表现一个人的风度和活力。行走时，上身要保持站立的标准姿势，抬头、挺胸、收腹、立腰，眼睛平视前方，双臂自然下垂、并以身体为中心前后摆动。前摆约三十至三十五度，后摆约15度。行走时双脚踩在一条直线上，脚步轻、富有弹性和节奏感。对面走来的男士面容端庄、步伐豪迈大方、透出刚强之气，具有阳刚之美；女子步履款款、端庄优雅，温柔典雅的女子展现了窈窕之美。

……

礼乐交融师生乐，仁爱送暖满庭光。让我们把礼仪文明之花播撒在美丽的校园，让我们把道德修养的人生水晶种植在学生的心田，让我们每一个人都注重自己的道德修养、礼仪风范，为创建优秀软环境、构建和谐校园增光添彩。谢谢大家！

（四）强调法

强调法就是在解说时强调和突出某一方面。导游介绍景点时，常用这种方法。一是强调景点中具有代表性的景观；二是强调景点的特征和与众不同之处；三是强调旅游者特别感兴趣的内容。

示 例

世界上最大的宫殿群是中国首都北京的故宫。

中国的南京长江大桥是世界上最长的铁路、公路两用桥。

世界上最大的广场是北京的天安门广场。

世界上最高的机场是海拔4368米的中国西藏拉萨的贡嘎机场。

评析：利用强调法，突出相关世界之最的景点，吸引游客的眼球。

（五）寓教于景法

根据事物的特点，发掘其所蕴含的可以为人类所借鉴的人生哲理。

知识延伸

客舱广播词是解说中的一种，空乘服务专业的学生应对客舱广播词有一定的了解。现用飞行过程欢迎词作说明：

女士们，先生们：

欢迎您乘坐中国××航空公司航班××_____前往_____（中途降落_____）。飞行距离是_____，预计空中飞行时间是_____小时_____分。飞行高度_____米，飞行速度平均每小时_____公里。

为了保障飞机导航及通讯系统的正常工作，在飞机起飞和下降过程中请不要使用手提式电脑，在整个航程中请不要使用手提电话、遥控玩具、电子游戏机、激光唱机和电音频接收机等电子设备。飞机很快就要起飞了，现在由客舱乘务员进行安全检查。请您坐好，系好安全带，收起座椅靠背和小桌板，确认您的手提物品是否妥善安放在头顶上方的行李架内或座椅下方。（本次航班全程禁烟，在飞行途中请不要吸烟）

本次航班的乘务长将协同机上_____名乘务员竭诚为您提供及时周到的服务。

谢谢！

相关链接

民航资源网2012年5月30日消息：5月22日，中国国际航空股份有限公司（Air China Limited，简称"国航"）客舱服务部在成都召开了国航客舱业务一体化业务标准组第二阶段会议，重点修订新版《广播词》。国航西南分公司副总经理刘政到会并作重要指示。

为了更好地满足乘客的需求及感受，该部前期进行了大量的调研工作，借鉴先进航空公司经验，获得多方改进建议，并聘请专家改进广播词的中英文表达方式。会议当天，国航各属地客舱服务部与会人员，围绕新版《广播词》的修订，进行了认真且全方位的研讨。确定新版《广播词》重新优化版面，将安全与服务融合在一起，语言亲切，表述自然，融入了更多的人性关怀；新版广播词力求简洁，用词更准确，语言表达更具有亲和力，以期整体提升客舱广播水准。

国航业务标准组组长、总部客舱服务部副总经理林立充分肯定了广播词修订工作的显著成绩，强调机上广播不仅仅是《广播词》的更新，而且是管理和服务理念的更新。将广播词由死板的"念"，变成富有感情的"说"，这里面传递了国航倡导用心为旅客服务，用情感搭桥与乘客沟通的信号，乘客将收到动心的交流感受。

据悉，客舱业务一体化建设是国航今年发展战略的一项重要举措。客舱服务部将持续完善QBDA审计提升项目，统一服务标准，通过后台完善与资源共享，稳步推进国航一体化工作，逐步实现乘客界面的统一，全面提升国航服务品质，打造崭新的机上服务体验。

第五章　民航旅客沟通

第一节　民航旅客沟通技巧概述
第二节　客舱服务言语策略
项目训练　电话沟通

本章导读

在民航服务过程中，民航服务人员与旅客之间，由于语言、文化、个性特征、社会地位等方面的差异，会出现许多沟通的问题，从而引发沟通障碍甚至沟通失败。如何克服这些障碍，提高民航服务水平，为旅客提供更为优质的服务，是民航服务人员应该思考和努力的。

第一节　民航旅客沟通技巧

一、理解和尊重

理解和尊重是服务工作的原则，但是在实际的沟通过程中，并非如此简单，还有很多技巧问题，即适当的表达方式和技巧是保证沟通顺利进行的重要因素。例如，初次乘坐飞机的旅客，通常是紧张心理和好奇心理并存，这会导致他们难免有一些疏忽和过失。这时民航服务人员如果能和颜悦色地帮助他们解围，旅客会认为服务人员很亲近，是值得信赖的人，双方的沟通就很容易了。如果服务人员并没有因为旅客的过失而心生埋怨，但都是面无表情地说话，也会使旅客感到过意不去或尴尬，从而造成沟通的困难。因此，在民航服务工作中，对旅客的一些疏忽、过失，只要不是故意的，服务人员都要予以理解，给予帮助，不要责怪旅客，这也是对旅客的一种尊重。

二、加强配合与协调

在民航服务过程中，旅客的行为会影响到客服人员服务的质量和效果。旅客有效地参与行为是保证服务质量和满意度的必要条件。有效、有序的沟通，离不开旅客的参与及配合。例如，由于天气等客观因素或机械故障等人为因素，航班经常会发生延误，而这将直接影响到旅客的利益，这也是旅客与航空公司之间矛盾最为集中的问题。因此，在航班延误时怎样与旅客沟通和解决旅客的种种问题，是航空公司必须研究的一个问题。美国航空公司比较重视航班延误时的管理政策。该航空公司培训机组人员，让他们学会在飞机误点时怎样最快地通知旅客和怎样让旅客接受一个延误时间区间。这样保证了与旅客的有效沟通，容易得到旅客的理解和配合。

三、迅速解决问题

由于航空运输业的特殊性，航空公司或机场单位都会面临许多临时出现的问题，如航班延误、旅客投诉等等，必须要迅速、及时、有效地解决，绝对不能推、拖、赖。因为一个问题如果得不到及时解决，就可能迅速变大或升级，从而造成更坏的影响。

案例（一）

印度洋海啸，死伤严重。据《印度快报》报道，印度空军26日早晨接到警报说，印度设在孟加拉湾卡尔尼科巴岛的一个空军基地被海啸摧毁。当时，海啸距印度本土还有数百千米。由于地震震中在海底，波动传递到海岸一般需要20分钟到2个小时，如果当地居民组织得力，这段时间足够多数人逃生了。

印度空军司令里希纳斯瓦说，当天上午8时15分，他让一名助手向国防部发出警报，然而政府方面没有与军方进行过沟通。印度气象局于26日上午8时15分发出了一份警报传真，结果发给了前人力资源开发、科技兼海洋发展部长，而不是现任部长。后来印度气象局又在当天上午9时45分给内政部发去一份警告传真。10时30分，内政部将此事汇报内阁秘书处。而当时印度东南部沿海地区已经被巨浪所蹂躏。直到当天下午1时，印度政府的主要应急机构才举行会议商讨这一问题。美国地质调查局在监测到大地震之后，本来试图通知印度洋沿岸各国准备防护海啸，可是竟然无法找到与这些国家沟通的途径。

案例（二）

某航班，一个老干部旅行团上了飞机。其中，一位老人看到自己座位上方行李架放满了东西（机载应急设备），就将行李架上的防烟面罩连同套子取下，放在地板上，将自己的行李放在机载应急设备的位置上。2号乘务员发现后，未调查设备移动的原因，就直接报告乘务长，并且报告内容过于简单，造成乘务长判断失误，认为情况失控。而乘务长未再次确认就报告机长，机长接到报告后，通知地面处理。最后该旅行团导游被带下飞机，造成航班延误52分钟。

四、熟练掌握语言技巧

民航服务人员在与旅客的沟通交流过程中，要熟练地掌握语言技巧。一方面，要注意遣词造句；另一方面，要注意说话时的语音、语气和语调。通常来说，温柔的声音给人以温和感，表现的是爱与友善；强硬的语气，给人以挤压感，表现的是憎恶和厌烦；声音洪亮、中气十足，给人以跳跃感，表现的是喜欢和欣然；粗重的呼吸和声音给人以震动感，表现的是愤怒和威吓，等等。特别是在面对不配合的旅客，民航服务人员在处理事情时，要注意说话的语气和语调，不要伤及他们的自尊心，即便是旅客强词夺理，也要用诚意去打动他们。只有熟练掌握了语言技巧，才能最大限度地避免很多沟通障碍的产生，同时也能化解误会，消除障碍。

知识延伸

民航服务沟通中常用的服务用语：

您说得很有道理——人最喜欢的人永远是自己，服务人员一旦被旅客认可，也就会马上认同其服务。

我理解您的心情——人需要被理解，同理心会将旅客与服务人员的心拉近。

我了解您的意思——肯定旅客的表达，旅客才能够信任自己。肯定了旅客的表达，旅客在接下来的沟通过程中才会有安全感。

感谢您的建议——我们对乘客表示感谢的同时，乘客会感受到自己被尊重和重视。

我认同您的观点——人都有被认同的需求，一旦人被认可，接下来的交流自然是水到渠成。

您这个问题问得好——肯定问题本身，同时也为自己找到了缓冲时间。

我知道您这样做是为我好——在特定的环境，认同旅客是关心自己的人，有效化解旅客的怒气。

五、养成"三诚"

"三诚"即诚心、诚恳、诚实。现在的沟通倡导"以对方为中心"，要站在对方的立场上考虑问题。民航服务人员的内心思想、心态以及说话的原则都需要进行自我塑造和培养。

（一）诚心

古语云："诚于中而形于外。"诚心就是要具备一颗正直、诚实的心。这种诚心，别人是能从相貌、声音等外在表现感觉到的，无形中可以使得别人更快地接受你，使沟通更为顺畅。

（二）诚恳

诚恳是一种态度，希望别人用什么样的态度来对待自己，就得先以什么样的态度对待别人。要善于发现每个人身上的优点，谦虚真诚地向别人请教学习。

（三）诚实

诚实是一种说话的原则，具有相对性，并非绝对。在不同的时间、场合，面对不同的人，诚实的体现也要视当时的具体情况而定。

因此，民航服务人员在与旅客沟通时，要以对方为中心，展现出自己诚恳的态度，表现出诚意，这样才能和旅客达成共识，起到沟通的作用。

第二节　客舱服务言语策略

一、控制好情绪，增强注意力的稳定性

在客舱服务过程中，当乘务人员心理处于松弛状态时，往往会因漫不经心而造成言语知觉麻痹，即言语编码出现某种潜意识的组接误差或偏离。

当乘务员注意力过于集中时也会出现言语失误，这是在过于警觉、专注的情况下，心理发生兴奋抑制或兴奋点转移所致。

总之，乘务人员在工作中一方面要集中注意力，另一方面又不要过于警觉，要控制好情绪，增强注意力的稳定性。

二、运用言语补偿策略，适时利用误解制造幽默的语用效果

在客舱服务过程中，即使乘务人员极为小心谨慎，也难保不会出现言语失误，如果说错了的话无伤大雅，可以更正并道歉，一般的交际都能顺利进行下去；如果说错了的话比较重要，或者得罪了乘客，应该保持镇定，尽量弥补过失，这时如果能在道歉的同时，利用语言技巧将错就错，把错误的话语通过借题发挥转引向正确的方向，则会收到幽默的语用效果，从而巧妙化解误会。

案例

乘务员在客舱门口迎接旅客，上来一位年轻小伙子。乘务员说："欢迎您登机，请问您是什么座？"小伙子说："我是狮子座，您呢？"乘务员微笑着答道："我是双子座。我是问您坐哪一个座位？"

乘务人员在询问中省略了"座位"的"位"字，使乘客产生了误解，乘务员运用语意逆推的暗转补偿策略，回答了乘客的提问，顺势又将话题

转承到正确的方向，使服务继续顺利进行下去。

三、扩大知识视野，重视文化背景及地域差异

空中乘务人员应该了解东西方文化差异对语言交际的直接影响，并应清楚在跨文化交际服务中避免言语失误的重要性。

首先，空中乘务人员应该树立跨文化交际意识，并建立起对文化差异的敏感性，认识到不同文化背景的乘客在服务需求上的不同，学会了解、接受、尊重对方的文化。

其次，乘务人员有必要在平时积累和理解带有深厚文化内涵的词语，特别是那些在中文中并没有恶意，而在其他文化背景中带有禁忌色彩的词语或表达方式。

再次，航空公司可以对空中乘务人员进行以"文化适应模式"为形式的导向训练，即模拟一些客舱跨文化服务中可能出现的交际场景，引导受训者从不同的文化视角做出合适、恰当的服务行为。

总之，空中乘务人员在客舱服务过程中言语失误的出现虽然不具有常发性，但是一旦发生就会导致交际障碍，甚至会造成事故症候。现今各航空公司之间的竞争，在某种程度上也是服务的竞争，而客舱服务则是最直观的窗口，所以各航空公司应避免客舱服务言语失误现象的较多出现，以便营造出良好的客舱氛围，提升公司形象。

项目训练　电话沟通

电话，作为一种成熟的通信工具，在现代社会的各个领域发挥着重要作用。一般来说，电话沟通对象主要是企业外的人员，电话应对所反映的是企业的风貌、精神、文化，甚至管理水平、经营状态，等等。因此，有必要全面了解使用电话的基本礼仪和接打电话的技巧，便于自己的生活和工作都能顺利开展。

一、接打电话的技能

电话机旁应常备记事本和笔，以便及时记录；拨打电话前应先整理电话内容然后再拨打电话，这样能防止丢三落四；还要注意态度的友好，做到微笑通话，让对方在通话中感受到友好的态度；要有适当的语速和语调，不能连珠炮似的快速通话，也不能一字一停顿慢语慢言；不使用简略语或专用语，让人费解；对于重点内容可以适当重复，以加深印象。

（一）接打电话的程序

接听电话的程序：

听到铃声马上拿起话筒 → 问候并自报家门 → 确认对方 → 记录并商谈有关事项 → 复述、确认要点 → 道别、挂机 → 整理记录

拨打电话的程序：

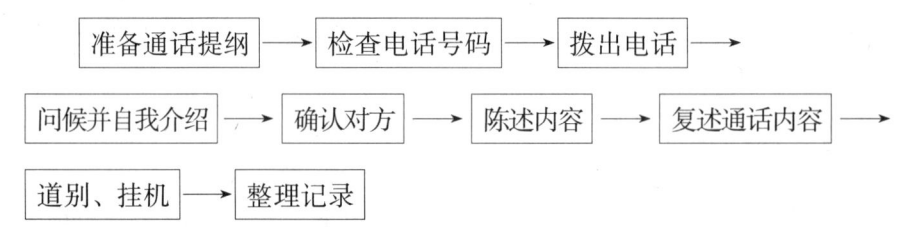

准备通话提纲 → 检查电话号码 → 拨出电话 → 问候并自我介绍 → 确认对方 → 陈述内容 → 复述通话内容 → 道别、挂机 → 整理记录

（二）接打电话的注意事项

1. 选择恰当的通话时间

恰当的时间是指不干扰他人的休息和工作的时间。一般早晨 8 点前，晚上 9 点后，中午 12 至 14 点之间，尽量不拨打他人的电话，周末休息时间一般不打公事电话，遇有特殊情况应予说明并致歉。

2. 用语要简洁

正常情况下，采用"通话三分钟"原则，啰嗦容易令对方忽略通话内容的重点，占用他人过多的时间是不礼貌的。可使用简单、直接的语言，如"是的、好的、谢谢您"等，咬字要清楚，如辨清"黄、王""董、总"等发音相近的字。

3. 拨错电话要致歉

拨错电话是难免的，如果拨错就一定要向对方道歉。

4. 代接电话要记录

接到代接代转的电话，要注意尊重对方的隐私，不能打听对方不愿说的事。注意准确记录来电者的单位、姓名、来电时间、通话要点、电话号码、回电时间等内容，及时告知对方要找之人。常将"请、谢谢、对不起"挂在嘴边。用"您"取代"你"，不说"讲、说"等带有命令的语言。

(三) 正确使用移动电话

移动电话即手机，其便捷、高效的特点受到人们的青睐。许多手机使用者常常忽视手机使用时应注意的事项，难免会影响自身形象。

1. 要遵守公共秩序

在公共场所通电话时要顾及他人。不要在开会时间、听课时间使用移动电话，否则会让人觉得不专心，或分散他人注意力。在某些特定的公共场所，如剧院、音乐厅、图书馆、会议室、课堂等严肃、安静的场合，应将手机关闭或调至振动模式，以免手机突然响起，影响他人，同时也影响自己的形象。

2. 要注意通话方式

有他人在场的情况下，通话时，说话声音要轻，特别是公共场所不能旁若无人地大声说话，更不能高声喊叫。若条件允许，应找一个僻静的场所接听，以免干扰他人。

3. 要自觉维护安全秩序

不要在驾驶汽车时使用手机，这样做不仅违反交通规则，更有安全隐患。也不要在病房、油库等处使用手机，以免手机信号干扰仪器的精确度，或引发火灾、爆炸等。乘飞机时必须关闭手机。

二、有效的电话沟通

上班时间打来的电话几乎都与工作有关，公司的每个电话都十分重要，不可敷衍，即使对方要找的人不在，也切忌粗率答复"他不在"，然后将电话挂断。接电话时，要尽可能地问清事由，避免误事。对方查询本单位其他部门电话号码时，应迅即查告，不能说不知道。

我们首先应确认对方身份，了解对方来电的目的。如自己无法处理，也应认真记录下来，委婉地探求对方来电目的。

对对方提出的问题，应耐心倾听；表示意见时，应让他能适度地畅所欲言，除非不得已，否则不要插嘴。期间可以通过提问来探究对方的需求与问题。注重倾听与理解、抱有同理心、建立亲和力是有效电话沟通的关键。

接到责难或批评性的电话时，应委婉解说，并向其表示歉意或谢意，不可与对方争辩。

电话交谈事项应注意正确性，将事项完整地交代清楚，以增加对方认同，不可敷衍了事。

如遇需要查寻数据或另行联系的查催案件，应先估计可能耗用时间的长短。若查阅或查催时间较长，尽量不让对方久候，应改用另行回话的方式，并尽早回话。以电话索取书表时，应立即录案，把握时效，尽快寄达。

示 例

下面是出票员王平和客户张华的电话对话。

王：您好，很高兴为您服务。

张：您好，我想要预订一张成都到上海的机票。

王：成都到上海对吧？什么时间的呢？

张：十二月二十七日。

王：好的，十二月二十七日成都飞上海。那您对航空公司和航班起飞时间有没有什么特别的要求呢？

张：对航空公司没有什么要求，时间嘛最好是早上十点左右。

王：好的。您稍等……您好，我这边查询到的十二月二十七日早上十点左右成都飞上海，九点四十五有一班川航的四五折；十点整有东航和国航的，都是七折的；十点二十有一班上航的五五折。您看哪一班的时间您比较合适呢？

张：这样的话帮我预订十点二十的那一班吧。

王：好的。麻烦您报一下乘机人的姓名、证件号码还有联系方式。

张：张华，证件号码******************，电话************。

王：您稍等，我再和您核实一下乘机信息。您预订的是十二月二十七日成都飞上海早上十点二十上航9406次航班，乘机人是张华，弓长张，化十华，证件号码是******************，联系电话是************。

张：是的，没有问题。

王：好的，那我是现在就出票还是等您通知再出票？万一您有什么变动。

张：直接出票吧。

王：好的。那我这边就直接出票了，稍后出票成功之后我再给您发短信告知您的航班信息。

张：好的。

王：还有什么能为您服务的吗？

张：没有了。

王：好的。祝您旅途愉快！再见！

三、正确结束通话的技能

要结束电话交谈时，一般应当由打电话的一方提出，然后彼此客气地道别，应有明确的结束语，说一声"谢谢""再见"，再轻轻挂上电话，不可只管自己讲完就挂断电话。

提 示

虽然打电话时双方都无法看到对方面部表情的变化，但是如果你的整个精神面貌处于积极的状态当中，那么一定会通过你的声音和语调传达给对方，对方必定会通过电话"看"到你的微笑。

第六章　特殊旅客服务

第一节　特殊旅客服务概述
第二节　为儿童旅客服务
第三节　为孕妇旅客服务
第四节　为病残旅客服务
项目训练　接待

本章导读

民航服务中的旅客服务涉及整个社会对航空事业的认可度，好的旅客服务水平，特别是特殊旅客服务，可以使消费者切身感受到航空事业发展给消费者带来的便捷。因此，特殊旅客服务是一个综合性问题，既涉及服务人员自身的修养与素质，又涉及航空公司的服务思想以及航空事业的发展。

第一节　特殊旅客服务概述

一、特殊旅客服务概念

特殊旅客是指因身份、行为、年龄、身体状况等原因，在旅途中需要特殊照料的旅客，分为婴儿、儿童、孕产妇、患病旅客、残障旅客等。特殊旅客服务是机场航站楼顾客服务中心针对航站楼内老、病、残、孕等特殊群体旅客（以下简称特殊群体旅客）设立的服务项目。如：为行动不便且未申请航空公司特殊服务的旅客提供免费的轮椅使用；为特殊群体旅客提供航站楼内免费运送行李服务；航空公司及残疾人团体可通过顾客服务中心调动服务大使及小红帽提供从登机口到车道边的全程服务等。

二、特殊旅客服务的原则

特殊旅客必须符合一定条件方可乘机旅行。对特殊旅客的服务应该在不影响航班正常的情况下有序地进行，并遵守以下原则。

（一）优先办理

销售部门和机场服务部门应设置专柜或采取其他措施，保证特殊旅客能够优先办理相关手续。

（二）优先成行

任何原因造成部分订妥座位的旅客不能成行时，应优先保证特殊旅客的运输。

（三）优先座位

优先为特殊旅客安排适宜的座位。

（四）优先存放和运输

保证特殊旅客的随身携带的辅助设备获得优先存放区域，其托运的辅助设备得到优先运输。

三、特殊旅客服务注意事项

（一）语言得体

客人对服务不满，在发泄的言语陈述中可能会有过激的言语，如果服务人员与之针锋相对，势必恶化彼此关系，在解释问题的过程中，措辞也应十分注意，要合情合理，得体大方，不要一开口就说"你怎么用也不会""你懂不懂最基本的技巧"等伤人自尊的语言，尽量用委婉的语言与客户沟通，即使客户存在不合理的地方，也不要过于冲动，否则，只会让客户失望并很快离去。

（二）态度友好

客人有抱怨或投诉，在很大程度上是因为客户对企业的产品或服务不满意，从心理上来说，他们会觉得企业亏待了他们。因此，在处理过程中如果不友好，会让他们的情绪很差，恶化与客户之间的关系。反之，若服务人员态度诚恳，礼貌热情，会降低客户的抵触情绪。俗话说"怒者不打笑脸人"，态度谦和友好，会促使客户平缓情绪，理智的与服务人员协商处理问题。

（三）动作利落

面对客人提出的需要，服务人员应该第一时间给予客人解答，不能以手里有事当作借口来推脱客人。在工作中，手脚要利落，不要婆婆妈妈、丢三落四，争取在最短的时间达到最佳的效果。

（四）耐心倾听

在实际的处理中，要耐心倾听客户的抱怨，不要轻易打断客人的叙述；不要批评客人的不足，而是应鼓励客人倾诉下去，让他们尽情宣泄心中的不满，当耐心地听完客人的倾诉和抱怨时之后，就能够比较自然地听得进服务人员的解释和道歉了。

第二节　为儿童旅客服务

一、儿童的运输条件

（一）婴儿及有成人陪伴的儿童

儿童指旅行开始之日已年满两周岁但未满十二周岁的旅客，票价按相应的儿童票价计收，可以单独占一座位。

婴儿指旅行开始之日未年满两周岁的旅客。婴儿不单独占座位，票价按成人公布普通票价的10%计收，但每一个成人只能有一个婴儿享受这种票价，超过限额的婴儿应按相应的儿童票价计收，可单独占一座位。

儿童和婴儿的年龄指开始旅行时的实际年龄，如儿童在开始旅行时未满规定的年龄，而在旅行途中超过规定的年龄，不另补收票款。

为了保证旅客的安全，出生不超过14天的婴儿不接受乘机。

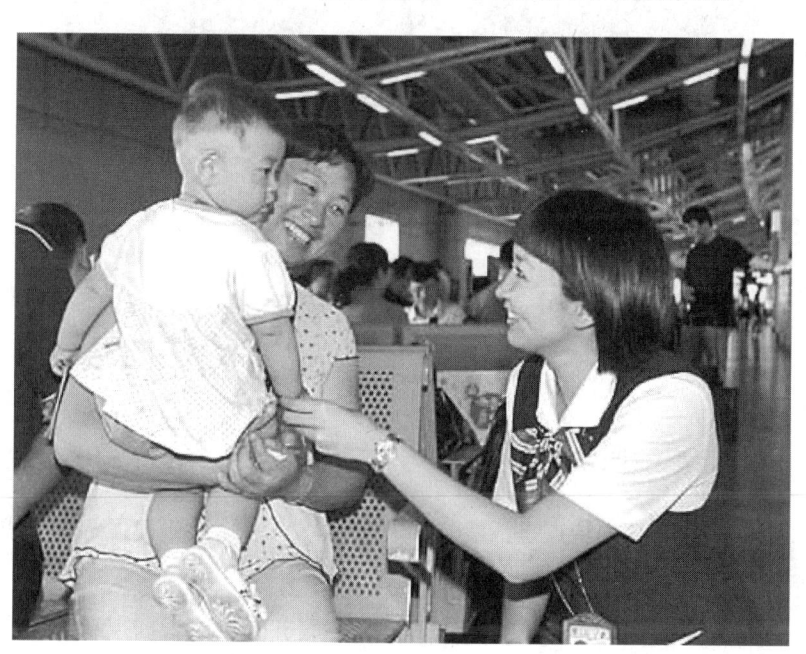

（二）无成人陪伴儿童

无成人陪伴儿童符合下列条件者，方能接受运输：

（1）无成人陪伴儿童应由儿童的父母或监护人陪送到乘机地点并在儿童的下机地点安排人予以迎接和照料。

（2）无成人陪伴儿童的承运必须在运输的始发站预先向航空公司的售票部门提出，其座位必须根据航空公司相关承运规定得到确认。

（3）无成人陪伴儿童应尽量安排在直达航班上运输，如需联程运输时，应尽量安排在衔接时间较短的联程航班上，并取得相关承运人的同意。

（4）航空公司在给无成人陪伴儿童出票时，同时应填妥"无成人陪伴儿童文件袋"，并将"文件袋"和标志牌发给儿童，应挂于儿童胸前。

（5）儿童父母或监护人应向航空公司提供在航班到达站安排的接送人的姓名、联系地址、电话，经核实后方可交接。

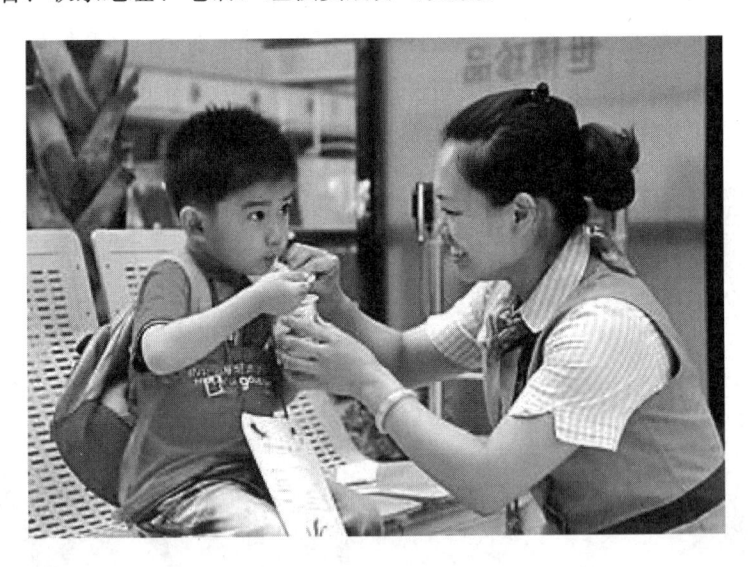

二、儿童的服务策略

儿童旅客的基本特点是活泼好动、好奇心、求知欲望极强，易受成年人暗示，模仿力强，但自制能力较差。

基于儿童的这些特点，民航工作人员在服务时可以根据现有条件或向有关部门提出申请,准备一些儿童读物、玩具、纪念品和餐食等;在飞机起飞和降落的过程中,指导儿童系好安全带;飞机飞行途中防止儿童旅客在客舱内蹦跳、乱摸乱碰;发放餐食的过程中,防止儿童碰洒、烫伤的发生。

第三节　为孕妇旅客服务

一、孕妇的运输条件

由于在高空飞行时空气中氧气成分相对减少、气压降低，因此孕妇运输需要有一定的限制条件。

怀孕 32 周或不足 32 周的孕妇乘机，除医生诊断不适宜乘机者外，可按一般旅客运输。

怀孕超过 32 周的孕妇乘机，应提供包括旅客姓名、年龄，怀孕期，旅行的航程和日期，是否适宜乘机，在机上是否需要提供其他特殊照顾等内容的医生诊断证明。医生诊断证明书应在旅客乘机前 72 小时内开具，并经县级（含）以上的医院盖章和该院医生签字方能生效。

预产期在 4 周以内，或预产期不确定但已知为多胎分娩或预计有分娩并发症者，不予接受运输。

二、孕妇的服务策略

（1）请旅客出示相关医学证明。

（2）安排旅客座位于客舱前部及靠近过道的位置（方便旅客上下飞机及去洗手间）。

（3）安检时如若发现是怀孕旅客请减少 X 线检查的使用，采用手检的方式。

（4）空中乘务人员协助旅客将安全带系在腹部以下大腿根以上的部位。

（5）飞行途中如若发现孕妇旅客身体不适，应及时通知乘务长及机长，采取必要行动。

（6）帮助孕妇旅客将随身携带行李放于行李架上。

（7）客舱空间狭小，适时提供靠垫和毛毯，缓解不适感。

（8）避免将不良情绪传递给孕妇旅客，时刻保持面部表情和言语的温和轻松状态。

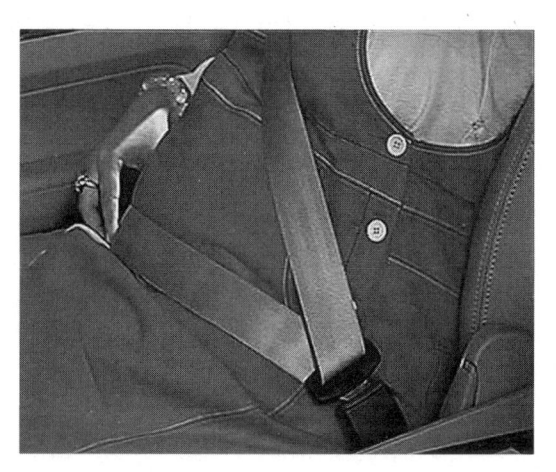

案例

西安一孕妇飞机上欲生产，飞机紧急返航

5月10日是母亲节，西安一位孕妇在飞机上突然出现生产迹象，导致起飞20分钟的飞机不得不掉头返航。10日晚，本来10点35分西安飞往北京的MU2119次飞机，因故晚了几分钟起飞，起飞20分钟后，空姐通过喇叭询问乘客，飞机上是否有医生和护士。当时在飞机上的张女士说："空姐第一次只是说飞机上有个病人，第二次喇叭通知时说飞机上有个产妇。"此间，空姐提醒大家不要起身，不要围观。已经做了妈妈的张女士得知，这个产妇羊水已经破了，情况确实紧急。

张女士看到空乘人员拿来了小瓶氧气，给产妇插上氧气。另外一位王女士后来告诉记者，她隐隐约约听到，这个产妇只有22岁，和婆婆一起同行到北京，没想到遇到这样的意外。从飞机第一次喇叭喊话到飞机决定返航，大约仅仅只有5分钟。飞机掉头20分钟后，降落在西安咸阳国际机场，等待在那里的医护人员迅速用担架将产妇抬了下去。"她没有哭也没有喊"，张女士回忆。

而在此间，因为飞机返航，同行的一位老太太也喊了起来，她说自己

的儿媳在北京机场接她，这又该怎么办呢？最后空姐给她做工作，说抢救生命是第一位的，最后这位老太太才接受了。大约 11 日零时刚过，飞机第二次起飞。到达北京已经是凌晨 2 点了。11 日上午，《都市快报》记者了解到，这名母亲成功生产，目前母子平安。

第四节　为病残旅客服务

一、病残旅客的运输条件

由于精神或身体的缺陷（或病态）而无自理能力，其行动需他人照料的旅客，称为病残旅客。其中本人不能自主行动或病情较重，只能躺在担架上旅行的旅客，称为担架旅客。如果是年事甚高的旅客，即使该旅客没有疾病，也应作为该类特殊旅客处理，给予特殊服务。但有先天残疾的旅客，如先天性跛足等，不归入病残旅客的范围。

病残旅客一般可以分为身体患病者、精神病患者、肢体伤残、失明旅客、担架旅客、轮椅旅客等。

盲人旅客是指双目失明的旅客，每一航班的每一航段上，只限载运两名无成人陪伴或无导盲犬引路的盲人旅客，由座位控制部门负责管理和限制盲人旅客的接收人数。

有人陪伴同行的盲人旅客，只限由成人旅客陪伴同行。该盲人旅客按普通旅客接受运输。

有导盲犬引路的盲人旅客可携带导盲犬乘机，但是具备乘机条件的盲人旅客应向相关部门提供导盲犬的身份证明和检疫证明，且导盲犬也必须接受安全检查。

二、病残旅客的服务策略

（1）协助旅客亲属办理登机手续，选择位于客舱前部及靠近过道的座位。

（2）语言沟通时，建议采用气徐声柔的口吻进行沟通；音量尽量低沉，避免因其他旅客的驻足而导致病残旅客心情不佳。

（3）做好旅客上机后的安置工作，包括为旅客放置行李、系好安全带等工作。

（4）飞行途中，常观察，多关照，多询问病情，妥善照顾。

（5）送餐时，协助旅客取用餐食，适时给予帮助。

（6）对先天残疾的旅客要关怀适度，避免过分关注导致旅客情绪不安。

（7）抵达目的站后，及时联系相关地面负责人，做好交接工作。

病残旅客较正常旅客自理能力差，在值机、候机、登机、乘机的过程中需要民航服务人员的协助。这一旅客群体自尊心和敏感性极强，不愿意他人的过分关注，因此在沟通服务的过程中困难较大，这就要求民航服务人员给予其更周到和细致的服务。

项目训练　接待

接待，是一定的社会组织对公务活动中的来访者所进行的迎接、接洽和招待活动，是社会组织间人员相互交往的方式。接待是一项展示单位形象、体现水平、彰显实力的工作。热情、周到、得体的接待不仅有利于人的交往，而且，在商务交际中，接待成为搞活经济、促成合作的重要手段。

接待按性质可以分为私人接待、公务接待、商业服务接待、外事接待等；按形式可以分为亲友来访接待、会议洽谈接待、宴请礼宾接待、参观旅游接待、购物休闲接待等。

一、接待礼仪

（一）邀请

在商务交往中，邀请是接待工作中必不可少的一个环节。邀请方式可分为口头邀请、电话邀请、书面邀请、登门邀请及邮信邀请等。口头邀请多在一些活动较为简单的场所中应用。为表示重视，常采用登门邀请的形式。正规的邀请为书面邀请形式，通常有请柬、邀请函等。根据与被邀请方的亲疏关系和实际情况选择邀请方式。有时也可几种方法综合使用。

（二）接待的前期准备

接待的前期准备工作很重要，它是整个接待工作中的重要一环。准备工作主要内容有以下一些。

1. 弄清来宾情况

对前来访问、洽谈业务、参加会议的外国、外地客人，应首先了解对方到达的车次、航班，安排与客人身份、职务相当的人员前去迎接。若因某种原因，相应身份的主人不能前往，前去迎接的主人应向客人给出礼貌的解释。

2. 拟定接待方案

接待方案的内容主要包括：来宾的基本情况、接待工作的组织分工、陪同人员、食宿地点及房间安排、伙食标准及宴请意见、安全保卫、交通工具、费用支出、活动方式和日程安排、汇报内容的准备及参与人员，等等。详细的接待方案应报请相关领导批准后认真落实。

3. 落实接待方案

接待方案的落实是接待工作的关键。按照拟定的接待方案，通知相关部门做好接待准备工作，如落实交通工具及预订酒店等。

(三) 正式接待工作

来宾抵达后，接待人员就要认真做好正式接待工作，主要体现以下几方面。

1. 迎接

迎来送往是社会交往接待活动中最基本的形式和重要环节，是表达主人情谊、体现礼貌素养的重要方面。尤其是迎接，它是给来宾良好的第一印象的最重要的工作。主人到车站、机场去迎接客人时应提前到达，恭候客人的到来，绝不能迟到让客人久等。客人看到有人来迎接，内心必定感到非常高兴，若迎接来迟，必定会给客人心里留下阴影，事后无论怎样解

释，都无法消除这种失职和不守信誉的印象。接到客人后，应首先问候"一路辛苦了""欢迎您来到某某地"等等，然后向对方作自我介绍。

2. 安排生活

主人应提前为客人准备好住宿，帮客人办理好一切手续并将客人领进房间，同时向客人介绍住处的服务、设施，并将就餐时间、地点告诉来宾。对重要来宾，应安排专人带他们到餐厅就餐。

3. 商议活动议程

来宾食宿安排妥当后，应向来宾进一步了解来访的意图和商议活动的日程。将活动的内容、日程、方式、要求及时通知相关部门，以便工作的顺利进行。

4. 组织活动

按照日程安排，精心准备并组织好各种活动。如来宾要听取汇报或召开座谈会，要安排好会议室，通知参加人员准时到场，并把与会者名单及汇报资料提供给来宾等。

5. 宴请

宴请是招待来宾中常见的礼仪活动。宴请客人时，应按照来宾的情况确定宴请的时间、地点、标准和陪同人员。一般情况下，宴请只安排一次。

6. 安排返程

按照来宾的要求，订购车（船、飞机）票，商议离开住地的时间。协助来宾结算各种费用。需要注意的是，接待人员应及时把已经定好的返程车（船、飞机）票送到来宾手里，方便来宾的行程安排。

（四）送行

来宾离去时，出于礼貌，应安排好送行车辆和送行人员。对于重要来宾，单位领导应亲自送行。送行人员需注意以下几点：一是要与来宾亲切交谈；二是要与来宾握手作别；三是向来宾挥手致意；四是目送来宾远去。

二、接待客人的注意事项

（一）客人要找的负责人不在时，要明确告诉对方，并请客人留下电

话、地址，明确是由客人再次来单位还是由我方负责人到对方单位去。

（二）客人到来时，如我方负责人由于种种原因不能马上接见，应向客人说明等待理由与等待时间，若客人愿意等待，应该向客人提供饮料、杂志，如果可能，应该时常为客人添加饮料。

（三）接待人员带领客人到达目的地，应该有正确的引导方法和引导姿势。

在走廊时的引导方法：接待人员在客人两三步之前，配合步调，让客人走在内侧。

在楼梯时的引导方法：当引导客人上楼时，应该让客人走在前面，接待人员走在后面；若是下楼时，应该由接待人员走在前面，客人在后面；上下楼梯时，接待人员应该注意客人的安全。

在电梯里的引导方法：引导客人乘坐电梯时，接待人员先进入电梯，等客人进入后关闭电梯门；到达时，接待人员按"开"的钮，让客人先走出电梯。

在客厅里的引导方法：当客人走入客厅，接待人员用手指示，请客人坐下，看到客人坐下后，才能行点头礼后离开。如客人错坐下座，应请客人改坐上座（一般靠近门的一方为下座）。

（四）诚心诚意地奉茶。

三、常用的接待语

(一) 欢迎语

对于宾客的到来,最常用的欢迎语是"欢迎光临"。有时视对象和场合不同,也可用其他表达方式。如领导、专家到会或视察,可用"欢迎莅临指导"表示敬意;对于外宾来访,可以用"您的到来,使我们深感荣幸"表示欢迎。

(二) 招呼语

无论何种接待场合,接待人员与客人见面,应主动打招呼。招呼语常与问候语结合使用,在礼貌中渗透关心之情。

招呼例语:

"您好!"

"见到您真高兴,近来身体好吗?"

"您好,旅途顺利吗?"

(三) 赞美语

在社交、礼宾、商业性接待中,适时、适境(对象与情境)、适度地使用赞美语,能使双方产生情感上的"互悦性",起到活跃气氛、缩短距离、促进认同的效应。如婉转恰当地赞美对方的容貌、气质、学识、名望、经营成就、学术成果等等,会使宾主双方更容易沟通。

(四) 道歉语

服务性接待难免会有不够细致周全之处,或因客观条件不能尽如人意,或因宾客爱好、品味、习俗各异而"众口难调"。这时几句真诚的道歉,能轻轻抹去宾客心头的不快,换来友善的谅解。

(五) 送别语

当接待活动圆满结束,欢迎客人离去时,常用富有浓厚感情色彩的送别语。送别语中常含有祝愿的意味,让这些美好的祝愿伴随着宾客的归途,让他们更深刻地感受到接待者的情谊,留下了美好的印象。

送别例语：
"您的到来，给我们留下了美好的回忆，欢迎您再来。"
"希望不久还能再见到您。"
"祝您一路顺风！"

第七章　突发事件应对技巧

第一节　突发事件概述
第二节　安抚技巧
第三节　处理服务投诉技巧
项目训练　模拟练习

本章导读

在与客户交往的过程中，一般情况下与客户沟通不会总是一帆风顺，一定会有因不满意而出现波折，客户会有异议、抱怨、投诉或发生一些突发事件。在这种情况下，就有必要尽快、有效地把问题处理掉。处理突发事件的能力对于民航服务工作者来说具有极其重要的意义。

第一节　突发事件概述

一、突发事件概念

突发事件，是指突然发生，造成或者可能造成严重社会危害，需要采取应急处置措施予以应对的自然灾害、事故灾难、公共卫生事件和社会安全事件。自然灾害主要包括洪旱灾害、气象灾害、地质灾害、生物灾害、地震灾害、森林火灾等；事故灾难主要包括道路交通事故、煤矿事故、水上事故、非煤矿山事故、工商贸企业事故、火灾事故、铁路交通事故、环境及生态事故等；公共卫生事件主要包括疫病疫情、动物疫情、食品安全、职业危害等；社会安全事件主要包括刑事案件、恐怖事件、涉外事件、群体性事件以及经济安全事件。

民航突发事件，是指民航业中突然发生，造成或者可能造成严重社会危害，需要采取应急处置措施予以应对的自然灾害、事故灾难、公共卫生事件和社会安全事件。

按照社会危害程度、影响范围等因素，将自然灾害、事故灾难、公共卫生事件分为特别重大、重大、较大和一般四级。

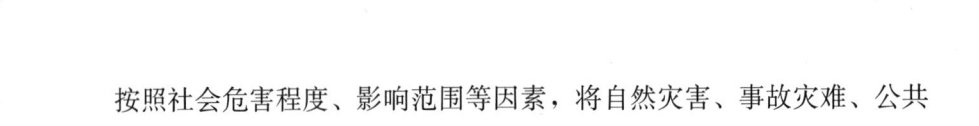

二、突发事件的分类

民航的突发事件主要分为五大类。

（一）航空器事故

航空器事故又分为航空地面事故、飞机事故征候、一般飞行事故、较大飞行事故、重大飞行事故和特别重大飞行事故。

（二）航班大面积延误突发事件

航班大面积延误突发事件主要是指由于外部原因、民航管理原因和旅客原因等多种因素造成的民航运行突发事件，包括航空公司航班大面积延误突发事件、机场航班大面积延误突发事件、空管航班大面积延误突发事件和航班大面积延误引发的媒体报道突发事件。

（三）民航行业突发事件

民航行业突发事件主要是指由于内部管理不当、设施设备运行故障、员工操作不当、旅客发生紧急情况等原因造成的运行突发事件、主要包括航空公司运行突发事件、机场运行突发事件，空中交通突发事件等。

（四）影响民航运行的突发公共事件

影响民航运行的突发公共事件主要指由于外部原因造成的民航运行受到重大影响的突发事件，这些原因如自然灾害、事故灾难、公共卫生事件和社会安全事件等。

（五）劫机炸机事件

劫机炸机事件，是在20世纪70年代后国际民航界开始重视的突发事件。2001年美国发生了"9.11"事件后，这类事件更引起了国际民航界高度重视。

三、突发事件的处理

（一）认同旅客产生的异议。对旅客的异议绝不能当场反对或否认，要对旅客的异议表示理解、关注，并学会换位思考。这里的认同是心情上的认同，不是观点内容方面的赞同。

（二）倾听客户的抱怨和诉求，迅速了解问题与原因，并了解旅客的动机，善意加以疏导。

（三）尽快采取各种方法使矛盾迅速得到解决，使旅客得到较满意的答案。

（四）学会"察言观色"。民航服务工作者应该学会从旅客的外表、言谈、行为举止等方面入手，通过观察准确掌握客户的性格特点等。

案 例

乘务员小王刚给43C的旅客加好茶水，放在小桌板上，没想到就被42C那位旅客重重放下的座椅靠背碰倒了，这杯水一个侧翻直接洒在43C旅客的大腿上，上半个裤腿都湿了，而42C旅客还不知道身后发生的事情，所以依旧安然地休息着。43C旅客十分生气，伸手就准备去推椅背，要和前一排的旅客进行理论。这一幕恰好被小王尽收眼底，她及时阻挡了一下43C旅客的手，并赶紧将手中的小毛巾递过去帮着擦拭，同时说道："这位先生，怎么称呼您？在这里，我可要沾沾您的福气了！中国古语称水为财，您看这可是空中飞来的财啊，真是一个好兆头，看来您今年一定会发大财的！"旅客听后不禁称赞道："你可真会说话啊！"小王接着说："俗话说百年修得同船渡，咱们这一飞机的可都是有缘人啊，所以这杯水只是大水冲了龙王庙，您千万别往心里去了，还带有备份裤子吗？我引您去卫生间更换一下吧。"这位旅客听完后，一个劲地说："我没事，没事，麻烦你啦。"最后还在意见本上对小王的服务提出表扬，而前面的旅客也听到了这番对话，知道跟自己有关，十分不好意思地进行了道歉。

第二节　安抚技巧

一、安抚的概念

安抚是指安息、抚慰发怒或焦虑的人。民航服务工作中的安抚指的是民航服务工作者抚慰发怒或者焦虑的乘坐民航航班的人。

二、安抚的技巧

第一，学会换位思考，找出旅客发怒的原因，从而找出合适的方法解决问题。

> **案　例**

1月2日，当我执行CAl562航班时，由于CAl538航班取消，致使几十名旅客在不明原因的情况下滞留南京机场几个小时，耽误了行程，旅客们产生了极大不满。后来，由于我们的真诚服务，终于得到了旅客的谅解，化解了矛盾。这使我们感到由衷的欣慰，这件事也让我收益很多，感慨万千。

作为一名工作了多年的乘务人员，我深知此项工作的辛酸与甘苦，同时也在不断积累工作经验，争取做得更好，因为优质服务是永无止境的。在工作中，我感受最深的是"换位思考"：当遇到矛盾时，如果站在他人的角度去看、去想，服务自然就有了亲和力，矛盾也比较容易化解。CAl562航班上发生的事也正好印证了这句话。尽管时代在发展，科技在进步，通信工具日新月异，为人类提供了许多方便，但在许多时候，人们还是需要坐下来，面对面地交谈、沟通，以缩短彼此间的距离，于是很多商界人士选择了快速便捷的航空器。在国内，很多人会选择早去晚归的方式，利用一次晚宴，解决重大商业问题。我们的航班上就有许多这样的客人。因此，航班的延误、取消，势必会给他们带来诸多不便。

在这个时候，空中的服务工作稍有不周，就有可能引发矛盾，1月2日的情况正是如此。可谓"一石激起千层浪"，很多客人要求我给出解释、道歉，其实我也觉得委屈，我们机组人员并不知道CAl538取消一事，而且我们当值的CAl562是正点离港，我们只要做好机上服务工作，让旅客安全舒适抵达目的地就算完成了任务。但我深知，我代表着国航，尽管不是我的错，我也必须尽力做好解释工作。经过我的一番努力，客舱里平静了许多，在飞机着陆前，一位乘客的话让我感动。客人说："其实，我也知道取消航班与你无关，你也挺委屈的，可从那个航班取消到上机，始终没有人给我们一个合理的解释。我就是要说，一吐为快，就因为你是国航的。"这说明我的工作没有白做，得到了客人的理解。

（资料来源：http://new.hinnr.com/zhiye/071/2871.html）

第二，无论我们如何处理问题，都要牢记，不能和旅客发生正面的冲突。

相关衔接

海南航空为提升一线窗口服务人员"以顾客为中心""以客为尊"的服务意识，加强信息传递渠道的畅通，提高旅客服务质量，在全国范围内正式实施处理顾客信息"首问责任制"。

"首问责任制"是指第一个受理顾客业务咨询、查询及投诉的单位或人员为第一责任人，如不能当即为顾客解决或不属于本职范围内的，应做好相关记录，如事件简要、联系人、联系方式等，不得以任何借口推诿、搪塞。"首问责任制"的出台，是海航为提升旅客服务质量的又一举措，最大限度地为旅客提供了一个宽敞、舒适的服务平台，将海航的贴心服务理念深入到每一个旅客当中。"首问责任制"能避免拖延处理时间，避免旅客被当作皮球踢来踢去。第一责任人经初步调查后将顾客的所有信息传递给与顾客需求有直接关系的相关责任单位或责任人，即直接责任人。直接责任人经调查或请示上级主管单位后，必须立即回复顾客并反馈给第一责任人，经第一责任人确认后，此环节方可结束。当直接责任人回复顾客后未能与顾客达成共识，直接责任人应在1个工作日内反馈至海航服务质量督察中心备案及时做出处理。

第三，态度和蔼，语气平和。和蔼的态度可以使人心情舒畅，减低旅客对航班延误所产生的抵触心理。在和旅客说话的时候一定要语气平和，不要冲动，说话的语速不要太快，音调不要太高，音量适中，不要过大。一定要让旅客感觉到我们是来为他解决问题的，不要引起旅客的反感。

第四，当旅客的要求我们达不到时，一定要及时和领导沟通，共同寻找解决问题的方法。

案 例

某航班由于航空管制原因，旅客已经在闷热的客舱里待了很长时间了。这时，坐在紧急出口旁的一名男性年轻旅客突然按响呼唤铃，把乘务员叫过去，并大声嚷道："再不起飞，我就把这个门打开，从这里跳下去了。"当时在场的乘务员恰好是个正处在带飞阶段的男学员，他很郑重地告知旅客紧急门的重要性并强调此门绝对不能打开。当他正对旅客说教时，教员赶到身边了，轻轻拍拍他说："麻烦你先去给这位先生倒杯冰水吧，这个门的重要性，这位大哥可清楚了，因为他坐飞机的次数可能比你飞行的次数还要多得多！是吧，大哥？""大姐，您可别这样叫我，我应该比您小。"教员迅速找到突破口，微微一笑，"您以为我想这样叫您呀，可我没有办法啊，因为如果您把这个门打开，我面临的就是丢掉工作，像我这个年龄再找工作，您知道有多难吗？所以为了不失业，我必须得叫您大哥。大哥，就请帮我一个忙把这个门看管好，可以吗？"周围旅客听了都哈哈大笑起来，小伙子也有些不好意思了，再经过一番对话和交流，当学员送水过来时，听到的竟是小伙子拍着胸脯在说："大姐，您放心，我在，门就在；即使我不在，门一定还在！"回到服务间，学员崇拜地对教员说："师傅，您真厉害啊！"教员说："这都是沟通应变术的魔力啊！"

第三节 处理服务投诉技巧

一、旅客的投诉

当旅客购买机票后使用民航服务时，对服务人员本身和企业的服务都抱有良好的愿望和期盼值，如果这些愿望和要求得不到满足，就会失去心理平衡，由此产生的抱怨和想"讨个说法"的行为就是旅客的投诉。

二、旅客产生投诉的原因

（1）民航服务人员服务意识和服务素质低下，提供的服务不佳。
（2）部分旅客要求服务的期望值太高，提出的过高要求无法得到满足。
（3）市场竞争导致了很多旅客对消费信息的错误理解。
（4）旅客自身素质修养或个性原因。
（5）民航航班延误。

无论任何原因所导致的旅客投诉都值得我们高度重视，投诉及抱怨的妥善处理，不仅可以平息旅客对本次服务的不满，还可化危机为商机，可长久留住旅客。

> 提 示

美国白宫曾经做过一次全国消费调查：如果顾客不满意，还会到此商场购物的客户只有9%，91%的顾客表示不会再到这家商场购物。另一项调查显示，在不满的顾客中，只有4%的顾客会投诉，96%的顾客不投诉，但却会将自己的不满告诉20人以上。

从这个数字来看，不投诉比投诉更可怕。所以，正确对待旅客的投诉，从投诉中找出企业的不足并加以改善，这样才能更好、更有效地改进

服务工作。

三、处理旅客投诉的原则

（一）耐心倾听

有效处理旅客投诉的第一原则就是耐心倾听旅客的抱怨，避免与其发生争辩，待旅客情绪平复后再与之商谈。

当旅客前来投诉时，首先要给予其尊重。当旅客抱怨时，工作人员务必保持冷静，洗耳恭听，切不可贸然打断。假如此时工作人员没有冷静应对，而是"兵刃相见，刺刀见红"，势必导致双方矛盾激化。

（二）承担责任

很多乘务员面对旅客的投诉第一反应是"我是不是真的错了"，"如果旅客向上投诉，我应该怎么解释"。一旦有了这种想法和解决问题的习惯，乘务员在接到旅客投诉时会把自己放在旅客的对立面。往往第一句话就会说："如果真是我的错，我一定改正并帮助您解决。"看似很有礼貌，但这却是一个十分糟糕的开头，因为这种说法将自己的角色定位在第三者，而不是代表当事人，同时也不利于缓和旅客激动的情绪。乘务员必须清楚地认识到：旅客既然来投诉，就压根没有想到你是否错了，而是想从你那里得到心理安慰，让你重视他的投诉。

面对旅客的投诉和不满情绪，乘务员应首先向旅客道歉并表示愿意承担责任，表明了这种态度，旅客的气就已经消了一半了。

（三）换位思考

工作人员应了解旅客投诉的三种心态：发泄、要求补偿及希望得到尊重。工作人员应根据具体情况来进行分析，判断旅客投诉的目的，区别对待。旅客提出过分要求，大多数是因为不了解具体情况，并非有意敲诈。一般来说，旅客的要求并不苛刻，不近情理的旅客毕竟是少数。漠视旅客的感受是处理投诉的大忌。工作人员必须以旅客为中心，换位思考，将心比心，无论遇到任何问题，都不要先分清责任，而是先表示歉意，承认过失，然后再对症下药。

案 例

乘务员在客舱巡视时，观察到一排座位坐着一家三口，那个婴儿已经熟睡在母亲的怀抱里，旁边还有一位旅客。乘务员想如果把坐在旁边的那个旅客调开，孩子就可以平躺下来，这样不仅孩子能休息得更好，母亲也不用那么劳累了。于是乘务员走上前跟旁边的这位旅客客气地协商："先生，您看，这位母亲抱着孩子太辛苦了，今天航班中还有空座位，我帮您调换一下，可以吗？"没想到这个建议竟然被旅客断然拒绝："我只喜欢坐自己的座位。"乘务员愕然，悻悻地想：怎么遇到这样不知道体谅别人的旅客啊，真自私！乘务员却没想到问题是出现在自己的沟通上。同样的场景，另一个乘务员却是这样说的："先生，旁边这位母亲抱着孩子，你们坐得都比较挤，今天航班中还有空座位，我帮您调换一下，您可能会休息得更好些，您愿意吗？"这位旅客不仅欣然同意，还称赞乘务员想得真周到，而那位母亲也一个劲地向乘务员致谢。两个乘务员面对的是一样的问题，但仅仅因为其中一个乘务员在问题的处理中多了一些换位思考，将沟通的需求主体由母亲换成了旁边的这位旅客，结果就完全不一样了。

（四）迅速解决

倾听抱怨后不采取行动解决问题是一个空礼盒。只对旅客说"对不起，这是我们的过失"，不如说"我能理解给您带来的麻烦与不便，您看我能为您做些什么呢"？旅客投诉的处理必须付诸行动，迅速地给出解决方案。能够及时解决固然最好，但如果遇到的问题比较复杂或特殊，不确定该如何解决，工作人员不应向旅客作任何承诺。同向旅客承诺而做不到相比，诚实更容易得到旅客的尊重。把准备采取的措施告诉旅客，征求旅客意见，了解旅客心理活动，以便采取合理的措施，既不让企业蒙受不该有的损失，又能让旅客满意。

四、有效处理旅客投诉的方法和步骤

（一）接受投诉

旅客投诉处理方法第一步叫作"接受投诉"，要求迅速受理，绝不拖延，这是第一个要素。坚决避免对客户说"请您等一下"，否则你就是在冒险，因为你并不了解这位旅客的性格和这个投诉对他生活工作带来多少影响，以及其后旅客会有的反应。

投诉处理的目的不仅仅是避免给企业带来的麻烦，更重要的是希望通过有效处理投诉，能够挽回客户对企业的信任，维护企业良好的口碑，有更多的"回头客"，从而化"危机"为"契机"。

（二）平息怨气

旅客在投诉时，太多带有强烈的感情色彩，具有发泄性质，因此要平息他们的怨气。在旅客盛怒的情况下当旅客的出气筒，需要做到当一个好的听众，安抚旅客，采取低姿态，承认错误，平息怨气，从而让旅客在理智的情况下分析问题。

（三）澄清问题

需要给旅客一个宣泄不满和委屈的机会，来分散心里积压的不满情绪，如果放弃这个机会，不利于投诉最终的处理。用提问题的方法，把投诉由情绪带入事件。

通过提问题，用开放式的问题引导客户讲述事实，提供资料。当旅客讲完整个事情的过程以后，旅客服务人员要用封闭式的问题总结问题的关键。

（四）探讨解决，采取行动

探讨解决是指投诉怎么处理。很多服务人员往往是直接提出解决方案，而未考虑到当旅客失去了选择的余地时，他会没有做"上帝"的感觉。真正优秀的服务人员是通过两步来做：第一步是先了解旅客想要的解决方案，服务人员主动提出"您觉得这件事情怎么处理比较好"？第二步才是提出你的解决方案，迅速对旅客投诉的问题进行有效解决。这样一来，不管旅客是否已有解决方案的腹案，企业在解决问题时都会居于主动地位。

（五）感谢旅客

感谢旅客是最关键的一步，这一步是维护旅客的一个重要手段和技巧。服务人员需要说四句话来表达四种不同的意思：

第一句话是再次为给旅客带来的不便表示歉意；

第二句话是感谢旅客对于企业的信任和惠顾；

第三句话也是向旅客表谢意，让我们发现问题知道自己不足；

第四句话是向旅客表决心，让旅客知道我们会努力改进工作。

案 例

某延误航班，乘务长在即将到达目的地之际，去向一位精英会员致谢，同时征求他的乘机感受和意见。这位旅客当天由于有重要的事情要处理，无奈被拖延了，所以比较生气地说了这么一句话："没办法啊，谁让这条航线只有你们公司在飞，你们是唯一的选择。"面对旅客的抱怨，乘务长却微笑说道："唯一在汉语里有'最好'的意思，所以您唯一的选择也是最好的选择啊，而且从您的选择中我们看到了您做事的专注，这一点

真值得我向您学习,在此,也请允许我代表公司感谢您始终如一的选择,并衷心希望在今后您将要出行的日子里,您都能一如既往地选择我们!"

旅客听后不禁笑了……

项目训练　模拟练习

情景：

川航头等舱的旅客到柜台办理值机手续，两人出行，但只到了一个旅客，另一位在赶来的路上。此时值机手续马上就要截止，旅客要求把两人的登机牌都打出来，值机人员向客人解释，没有本人证件不能办理值机手续，旅客说我知道姓名和证件号，并苦苦哀求。

要求：小组根据此情景讨论，分角色扮演。